KB161871

베스트 논술 한국대표문학 53

인현왕후전 · 계축일기

작자 미상

SR&B(새로본닷컴)

김응환의 〈수륙만리도〉

〈베스트 논술 한국대표문학(전60권)〉을 펴내며

어린 시절의 독서는 평생의 이성과 열정을 보장해 줄 에너지의 탱크를 채우는 일입니다. 인생의 지표를 세울 수 있는 가장 믿을 만한 방법이기도 합니다.

새로 접하는 사물의 이치를 터득하려면 그 정보를 대뇌 속에 담는 프로그램이 마련되어 있어야 합니다. 그 프로그램을 구축하는 가장 효과적인 방법이 지속적인 독서입니다. 독서는 책과 나의 쌍방향적인 대화이며 만남이며 스킨십입니다.

그러나 단순한 독서만으로는 생각하는 힘과 정확히 표현하는 힘을 키울 수 없습니다. 〈베스트 논술 한국대표문학〉은 이에 유의하여 다음과 같이 편찬하였습니다.

① 초 · 중 · 고 교과서에 실린 고전 및 현대 문학 작품부터 〈삼국유사〉, 〈난중일기〉, 〈목민심서〉 등 우리의 정신을 일깨워 주고 우리에게 지혜와 용기를 준 '위대한 한국 고전'에 이르기까지 한 권 한 권을 가려 뽑았습니다.

② 각 권의 내용과 특성을 분석하여, '작가와 작품 스터디', '논술 가이드' 등을 덧붙여 생각하는 힘, 표현하는 힘을 키울 수 있도록 각 분야의 권위 학자, 논술 전문가들이 심혈을 기울였습니다.

③ 특히 현대 문학 부문은 최근 학계에서, 이 때까지의 오류를 바로잡아 정확한 텍스트를 확정한 것을 반영하였고, 고전 부문은 쉽고 아름다운 현대 국어로 재현하였습니다.

④ 각 작품에 관련된 작가의 고향을 비롯한 작품의 배경, 작품의 참고 자료 등을 일일이 답사 촬영하거나 수집 · 정리하여 화보로 꾸몄고, 각 작품의 갈피갈피마다 아름다운 그림을 넣어, 작품에 좀더 친근감 있게 접근할 수 있도록 하였습니다.

이 〈베스트 논술 한국대표문학〉이 여러분이 '큰 사람', '슬기로운 사람'이 되는 데 충실한 밑거름이 되기를 바랍니다.

〈베스트 논술 한국대표문학〉 편찬위원회

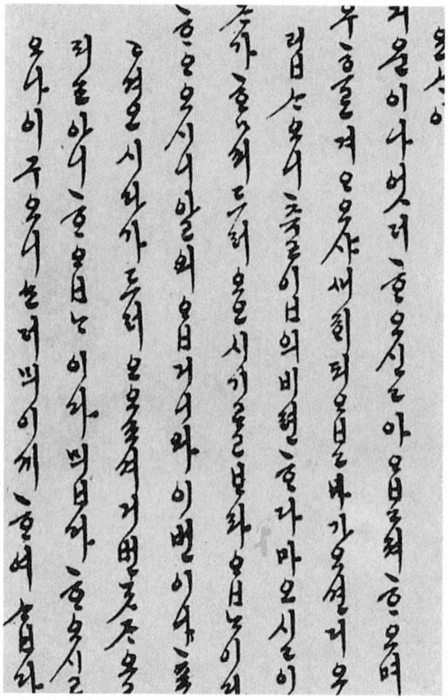

인현왕후의 글씨

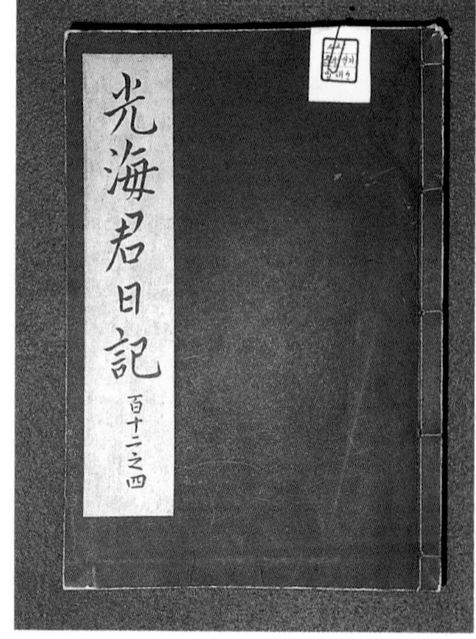

〈광해군 일기〉

조선 시대의 궁궐인 창덕궁

창덕궁의 정문인 돈화문

신하들의 하례식이나
외국 사신의 접견 장소로
쓰이던 창덕궁의 인정전

덕수궁 전경

국왕의 즉위식이나 대례를
행하던 경복궁의 근정전

조선 왕조 역대 제왕의 위패를
모시고 제사를 지냈던 종묘

관등의 등급을 나타내던
경복궁 근정전 앞의 품계석

인현왕후가 묻혀 있는
서오릉의 명릉

숙종과 인현왕후의 릉

차례

인현왕후전 / 12
계축일기 / 98
작가와 작품 스터디 / 204
논술 가이드 / 206

작자 미상

인현왕후전

인현왕후전

조선 숙종 대왕의 계비*이신 인현 왕후는 병조 판서 민유중의 따님이시요, 영의정 송준길 선생의 외손이시다. 어머니 송씨가 기이한 태몽을 꾸시고, 정미년(현종 8년) 사월 스무사흗날에 탄생하시니, 집 위에서 상서로운 기운이 일고, 아기가 태어난 방에는 향기로운 냄새가 가득하여 오래도록 가시지 않았다. 부모님은 이상한 기미를 알아채고 집안 사람에게 밖으로 말을 퍼뜨리지 않게 하시었다.

점점 성장하자 모습이 우뚝하고 재질이 뛰어나시어 예나 이제나 비교할 만한 사람이 없었다. 길쌈질과 바느질 솜씨가 이상할 만큼 민첩하시어 일백 신령이 가르치는 듯하지만, 표정에는 나타내지 않으셨다. 마음씨가 곱고 한결같으며 엄숙하여, 마음 속에 품은 뜻을 남이 알지 못하였다. 아무 생각이나 근심이 없으신 듯이 흡족해하시는 거룩한 덕성이 부드럽고 온화하며 덕행과 예절과 효성과 의로운 행실이 별나시었

* 계비(繼妃) 임금이 다시 장가를 가서 맞은 아내.

다. 인품이 매우 얌전하고 점잖으며, 마음이 바르고 도량이 너그러워서 일백 가지 행실을 다 갖추시었다. 하루 종일 단정히 앉아 계시는데, 상서로운 구름이 옥체에 둘러 있으니, 단정하고 엄숙하시어, 사람들이 감히 우러러뵈옵기 어렵고, 좋은 골격과 인품이 하늘 같으시고, 높고 곧은 절개는 황금이나 구슬, 또 송백 같았다.

어린 시절부터 실없는 농지거리*와 사치를 않으시고, 무색옷을 입으신 가운데 기이한 자태가 보통 사람과 다르시고, 하시는 일이 일백 가지로 빼어나셨다. 글과 글씨에도 재주가 넉넉하시어, 옛날 사람들의 문필을 알지 못하는 바가 없으시나, 함부로 붓을 들어 문장을 쓰지 않으셨다. 부모와 삼촌 형제의 사랑이 너무나 무겁다 하시니, 멀고 가까운 친척이 놀라고 탄복하여 마지않았다. 어린 시절부터 공경하지 않는 사람이 없었고, 꽃다운 이름이 세상에 널리 알려졌다. 평상시에 세수를 하실 때에는 세숫물에 붉은 무지개가 찬란히 뜨는 걸 아시고, 아버지 민 공이 반드시 고귀하게 될 줄로 짐작하시고, 모든 예의 범절을 가르치기를 간절히 하시었다. 중부*이신 민정중은 인현 왕후를 사랑하시기를 아들딸보다도 더하셨는데, 평소에 말씀하시기를,

"물이 맑으면 귀신이 꺼려하는 법이다. 이 아이가 너무 어질고 아름다워서 수명이 길지 못할까 걱정된다."

하시었다.

일찍이 어머님 상을 당하여 지극한 슬픔이 되어 몸이 바싹 여윌 정도로 슬퍼하셨으며, 세월이 오래 지나도록 예의에 벗어날 정도로 애통해하시었다. 계모 조씨를 지성스럽게 봉양하시니, 외할아버지인 송준길 선생이 사랑하고 소중히 여기시어, 슬하에 두고 보실 때, 가만히 일컬어 말씀하시기를,

* **농지거리** 점잖지 않게 마구 하는 농담.
* **중부**(仲父) 작은아버지.

"어질고 현숙한 덕이 있다."

하시고, 유교의 윤리 도덕과 절개가 굳은 부녀자가 지켜야 할 예절을 가르치셨다. 설사 후의 천성에 어리석고 둔하여 민첩하지 못한 점이 있다 하더라도 이름이 없지 않거든, 하물며 학문과 덕행이 훌륭한 집안에 성스러운 사람이 태어나셨는데 어찌 보통 사람이겠는가.

경신년(숙종 6년) 겨울에 인경 왕후*께서 돌아가시자, 숙종의 어머니인 대왕 대비께서 왕후 자리가 비어 있음을 근심하시고, 간택하라는 명을 내리시어 정숙하고 단정하며 미덕을 갖춘 사람을 구하시었다.

현종의 장인인 청풍 부원군 김우명이 후의 덕행이 훌륭하시다는 소문을 익히 들어 온 터이므로, 대비 마마께 그런 말씀을 드렸고, 영의정 우암 송시열 선생이 임금님께 아뢰옵기를,

"국모는 모든 만민의 복이옵니다. 지금 병조 판서 민유중의 따님이 현숙한 덕을 갖추고 있음을 신이 잘 알고 있사오니, 전하께옵서는 번거로이 간택을 마시고, 전하의 혼인을 결정하시옵소서."

하였다.

대비께서는 크게 기뻐하시고, 비망기*를 내리시고 분부하시어 잘 알아보라 하시었다.

민 공이 두렵고 떨리어 즉시 상소하여 지극히 사양하여 말씀하심이 매우 간절하였다. 하지만 상감의 뜻이 이미 굳으신 터라 허락하지 않으셨다. 세 번이나 상소하였으나, 도리어 상감께서는 엄지를 내리사 책망하시면서, 좌의정 노봉 민 공을 대궐로 들어오게 하여, 나라의 체면에 경의를 나타내지 않는 행위를 꾸짖으셨다.

신하로서의 도리로 더 이상 사양할 수 없었다. 대궐에서 물러나 집으로 돌아와, 형제를 비롯하여 아들과 조카 들을 모두 불러다 놓은 자리

* **인경 왕후** 숙종의 비인 김씨. 광성 부원군 김만기의 딸.
* **비망기**(備忘記) 임금의 명령을 적어서 승지에게 전하던 문서.

에서, 송구스럽고 황송한 임금의 은덕에 감사하는 마음이 우러나 눈물이 떨어지는 줄을 깨닫지 못하였다.

궁 안에 있는 내시와 나인을 보내시어 후를 어의동(지금의 서울 종로구 사직동에 있었음.) 본궁으로 모셨다. 그러자 나인이 상감의 명령을 받들어 후를 뵙더니, 놀라면서 존경하고 복종하고 싶은 마음이 우러나, 부부인*께 사뢰기를,

"궁인이 천은을 입사와 궁궐에 들어갔으매 많은 사람들을 접해 보고 그들의 견식을 겪어 본 지가 팔십이 넘었사오되, 이처럼 훌륭한 덕행과 아름다운 용모를 갖추신 분은 처음으로 뵈오니, 나라와 백성의 큰 행운일 뿐더러, 궁인이 오래 살아온 것이 영화로소이다."

하였다. 부부인은 지나친 칭찬을 감당하지 못하여 겸손하게 사양하고, 예절 바른 태도가 법도에 맞으므로, 상궁이 감탄하고, 대궐로 들어와 본 대로 아뢰니, 대비 마마께옵서 크게 기뻐하시고, 혼인하기에 좋은 날을 날마다 기다리면서 날짜가 더디 감을 한탄하셨다.

혼인날이 닥쳐 오자, 민 공이 몸가짐을 갖추어 대례를 거행하니, 임금의 춘추가 스물한 살이셨다. 후더러 속히 가마를 타시라고 재촉하시어 대궐로 돌아오실 때의 광경은 세자빈의 가례 때와는 달랐다.

조정의 모든 벼슬아치가 시위하고, 칠보로 머리를 아름답게 꾸미고 비단옷을 화려하게 입은 궁녀와 시녀가 큰길을 덮어 십 리에 죽 늘어서 있었다. 향 냄새가 은은하며, 풍류 소리가 궁정 위를 울리고 있으니, 웅장하고 화려한 풍류가 가히 이루 다 우러러 칭송하지 못할 만하였다.

술잔을 올리는 의식을 거행하니, 예의 법도가 눈부시고, 훌륭한 덕망이 겉모습에 나타나시며, 찬연한 빛은 밝은 달이 가을 하늘에 떠 있는 듯하고, 빛나는 맑은 광채가 궁전 안에 비치니, 황금으로 만들어진 궁

* **부부인**(府夫人) 조선 시대, 대군의 아내와 왕비의 어머니에 대한 작호.

궐의 대가 빛을 잃고, 일천 개의 궁전에 있는 보물이 빛과 향을 발하지 못하는 듯하자, 궁 안에 있는 사람들이 크게 놀라고, 두 전 대비(인조의 계비인 장렬 왕후와 현종의 비인 명성 왕후)께서는 크게 기뻐하시고 분에 넘치게 대견하시어 사랑하고 소중하게 여기심이 비할 데 없었다.

이 달, 왕비의 자리에 오르시고 비빈 공주와 삼백 궁녀의 축하 인사를 받으셨다. 일기도 화창하여 봄바람이 산들산들 불고, 상서로운 구름이 궁을 둘러쌌으니, 태평 시절에 국모께서 즉위하시는 날인 줄 아는 듯하였다. 인심이 저절로 도타워져 천만 백성이 기쁨에 넘쳐 있었다.

후께서 즉위하시어 두 전 대비를 효성스럽게 봉양하시니, 천성적으로 타고나신 지성스런 효성이 공경하고 삼가며 조심스러우셨다. 상감을 받들어 주시되 덕으로써 인도하시어 유순함이 빼어나셨다.

비빈 궁녀를 거느리시되 은혜를 베풀고 위엄을 부리심을 행하시어, 선하거나 악하거나 친하거나 멀거나를 차별하지 않으셨다. 사람을 사랑하시는 온화한 기운이 봄동산 같고, 만물이 다시 무성해지는 듯하여, 예절과 법도가 엄숙하고 굳세시니, 감히 우러러뵈옵지 못하였다.

대궐 안의 사람들이 훌륭한 덕을 흠모하고 감탄하여 예절과 법도가 엄숙해지자, 입궐하신 지 서너 달 만에 가르치심이 크게 일어나 화기가 온화하게 감돌았다. 그러자 두 전 대비께서 극진히 사랑하고 소중히 여기시면서, 나라의 복이라고 축수하시고, 상감이 공경하고 소중히 대해 주시며, 조정과 백성이 다 같이 존경하고 복종하였다.

양 대비께서는 수조*를 우암 송시열에게 내리시어, 중궁의 훌륭하신 덕을 못내 칭송하시고, 부부인에게 각별히 많은 선사품을 내리시어 은혜와 영광이 유별나게 빛나시니, 민씨 집안에서 송구스럽고 황송함을 마지않았다.

* 수조(手詔) 제왕이 손수 쓴 조서.

계해년(숙종 9년) 겨울에 상감께서 천연두를 앓으시어 증세가 위중하시니, 후께서 크게 염려하시어 밤낮으로 띠를 끄르지 않으시고, 정성이 미치지 않은 곳이 없으셨다. 대비께서도 또한 근심하고 걱정하시어 후와 함께 찬물에 목욕하시고, 대궐 안의 후원에 단을 모으고 친히 주야로 축원하셨다. 후께서 대비의 옥체가 상하실까 염려하시어 몸소 대행하여 치성을 드리겠다고 아뢰어 간절히 애원하였으나 듣지 않으시고, 주야로 정성을 한결같이 들이시니, 하늘이 감동하시어 상감의 병환이 나으시니, 신민의 경사스럽고 다행스러움이 한량없었다.

대비께서 상감의 병환 중에 추위를 무릅쓰고 힘쓰신 까닭에 옥체가 자못 상하여 신음하시더니, 점점 더 위중하시니, 상감과 후가 몹시 근심하고 애태우면서 밤낮으로 약시중을 드시며 소리 높이 우시기를 그치지 않으셨다. 대신들에게 어명을 내리시어 왕실과 나라에 빌라 하시고, 조서를 내리시어 옥문을 활짝 열어 죄인을 다 풀어 놓으셨다. 그리고 궁중 의원으로 하여금 약시중을 들게 하였지만 효험을 보지 못하시자, 상감과 후가 초조하고 황급해하시며, 백성이 어쩔 줄을 몰라했다.

섣달 초닷새 인시*에 창경궁 저승전에서 승하하시니, 이 때 춘추가 마흔두 살이셨다. 백성이 마음이 급하여 어쩔 줄을 모르고, 궁중이 놀라고 당황하여 통곡하는 소리가 하늘에 닿고, 상감과 후가 애통해하심이 지극하시어, 고기 반찬을 들지 않으시니, 궁중 상하가 그 지성스런 효성에 탄복하지 않는 사람이 없었다. 삼 년을 지내시고 혼전(신위를 모시던 집)을 치우자, 상감과 후가 애통해하시며 슬퍼하셨다.

궁녀 장씨가 시비로 후궁에 들어와서 희빈이 되었는데, 간교하고 눈치빠르며 교활하여 상감의 뜻에 들도록 아첨하여 좇으니, 상감께서 매우 사랑하셨다.

* **인시**(寅時) 새벽 3시부터 5시까지의 사이.

무진년(숙종 14년) 정월에 상감의 춘추가 거의 서른이 다 되도록 아들을 낳은 즐거움을 보지 못함을 근심하시기에, 후가 깊이 염려하시다가, 하루는 조용히 상감께,

"어진 후궁을 뽑으시어 아드님을 낳는 즐거움을 누리시옵소서."

하고, 권하셨다. 상감께서는 처음에는 허락하지 않으시더니, 후가 날마다 힘써 권하여,

"한 여자의 생산을 기다리시다가 대를 잇는 막중한 일을 경솔히 하시면 아니 되옵니다."

하고, 간절히 아뢰니, 우뚝 솟은 덕과 부드러운 말씀이 진심에서 우러난 정성이었다.

상감께서 감탄하시고, 조정에 후궁을 간택하라는 어명을 내리셨다. 명안 공주(숙종의 누이)가 이 분부를 들으시고 놀라서 고모 되는 대장 공주를 모시고 대궐에 들어와 상감과 후를 찾아뵙고,

"중궁의 춘추가 젊으시니, 아직은 생산하시기를 기다리는 게 옳고, 후궁을 뽑으심은 옳지 않사옵니다."

하고, 간절히 아뢰었다.

후께서 자리에 앉아 계시다가 정색하고 말씀하시기를,

"내가 덕이 얇고 재주가 없는 몸으로서 중전 자리에 욕됨을 무릅쓰고 앉아 있으나, 주야로 살얼음 앞에 서 있는 듯이 여기는 것은, 윗전의 크신 덕에 보답 못하고, 임금을 저버리게 될까 염려하기 때문인데, 어찌 나라의 장래를 염려치 않으리요."

말씀을 마치고 나서도 얼굴빛이 한결같으시어 마음 속과 태도가 평소와 조금도 다름이 없으셨다. 두 공주가 감복하여 다시는 뭐라고 말을 못 하고, 서로 크신 덕을 칭송하며, 대왕 대비께서 사랑하고 소중히 여기심을 마지않으셨다.

드디어 숙의 김씨를 뽑아 후궁에 두시니, 후가 예로써 대접하시며 은

혜로써 거느리셨다.

시운이 불행하고, 하늘이 정해 준 후의 운명이시니, 예부터 아름다운 여자는 팔자가 사납고, 성인이 재액으로 고생하는 것은 사람의 힘으로는 어찌할 수 없는 일이다. 그러므로 사람들은 천지 자연의 도리를 의심하는 바이다.

무진년 팔월에 인조 대왕비인 조씨께서 창경궁 내전에서 승하하시니, 춘추가 예순다섯이셨다. 상감과 후가 조석으로 제사를 지낼 때 심하게 슬퍼하셨다.

이 해(숙종 14년) 겨울 시월에 희빈 장씨가 처음으로 왕자를 낳으니, 상감께서 사랑하심은 말할 것도 없고, 후께서 크게 기뻐하시며 사랑하시기를 자신이 낳은 자식처럼 하셨다.

장씨가 분수를 알았더라면 그 영화를 어찌 측량할 수 있었을 것인가. 문득 분수와 도리에 지나치는 뜻과 방자한 마음이 불일듯 하니, 중궁의 큰 덕과 용모가 나라 안에 우뚝 솟아나고 세상 사람이 따르고 우러르는 덕망이 중궁에게 다 돌아가자, 이따금 시기심이 일어나, 은밀히 중전 자리를 덮치고자 했다. 그 분수에 넘치는 반역심이 더 심해져서 나날이 상감의 기색을 살펴서 중전을 모함하기 위해서 없는 사실을 만들어 임금에게 고해 바치는 말이,

"새로 태어난 왕자를 독살하려고 한다."

하고, 또

"희빈을 저주한다."

하여, 있는 꾀를 다 짜내어 옳지 못한 계략을 쓰지 않는 곳이 없었다.

간악한 후빈들로 하여금 못된 소문을 퍼뜨리고 좋지 못한 자취를 드러내어 상감께서 친히 듣고 보시게 했다. 예로부터 악인을 의롭지 않게 돕는 자가 있다는 그런 흔한 일이 일어난 것이다.

중전이 간악하다는 소문이 날로 심하게 퍼지자, 상감께서도 점점 의

심하기 시작하여 중궁을 아주 박대하셨다. 장씨는 요사스럽고 간악한 마음씨로 상감의 마음을 사로잡고, 왕자를 끼고 돌아 권세가 날로 커져 갔다. 상감이 점점 더 편벽되게 장씨에게 빠져서 옳고 그름을 분별하지 못하시니, 전날의 엄정하시던 임금으로서의 도량이 변하고 줄어들어, 어진 사람은 모두 물리치시고 간사한 신하를 많이 뽑아 쓰셨다.

후가 깊이 근심하시어, 장씨의 사람됨으로 보아 반드시 변괴를 일으킬 줄 아셨다. 왕자에게 당당한 기상이 있으므로 다행스럽게 여기시어, 표정에는 나타내지 않으시고, 날이 갈수록 아름다운 덕과 성스러운 마음을 쓰셨다.

이듬해 기사년(숙종 15년)에 후의 친정 아버지인 여양 부원군이 세상을 떠나시니, 후가 애통해하시어 장례를 지내시되 고기 반찬과 맛있는 음식을 가까이하지 않으시고, 너무 슬퍼함을 마지않으셨다.

상감께서는 이미 결정하신 뜻이 계시기에 말씀은 안 하시나, 민간에서는 시끄럽게 떠도는 소문이 퍼져서,

"중전을 폐위한다."

하였다.

사월 스무사흗날은 중궁의 탄일이었다. 이 날, 각 궁과 내수사에서 공상 단자* 드리니, 상감께서 그 종이를 내치시고 음식을 다 물리치시고는, 대신과 2품 이상을 불러 모시고 폐비하신다고 말씀하셨다. 그러자 좌승지 이이만이 옳지 않다고 말씀을 드렸는데, 상감께서 크게 노하시어 이이만을 파직하셨다.

또 수찬 이만원이 잘못 처리하신다고 말씀을 드리자, 상감께서 더욱 노하시어 먼 곳으로 귀양을 보내라고 하셨다.

이렇게 하여 대신 중신 사십여 명이 지방으로 귀양을 가게 되고, 또

---

* 공상 단자(供上單子) 궁중에 물품을 바치는 내역.
* 폐비 왕비의 자리에서 물러나게 하는 일.

비망기를 내리시니, 조정이 두려워하여 일시에 정청(궁정에서 벼슬아치들의 의견에 대한 임금의 조치를 기다리던 일)을 배설하고 다투는 체하였으나 실정은 그것이 아니었다.

이 때 후의 아버지, 숙부, 종형제 등이 벼슬길에 올라 학문과 도덕이 조정에 널리 알려져 벼슬과 명망이 높고 이름이 세상에 가득 차 있었다. 하지만 후께서 대궐에 들어오면서부터는 두려워하고 삼가는 일이 더하여 사업을 베풀지 못하는 사람이 많았으되, 그를 소인들이 시기하여 기회를 얻고자 하였다.

그 때, 예조 판서 민동은 죄목을 벗겨 드리고, 대사헌 목창명(갑술 옥사 때 삭주로 귀양 가서 죽음)은 정청을 못마땅하게 여겨 화를 내면서 물리쳤다. 그러자 간신들의 이간질하는 말이 퍼져서 상감의 뜻에 영합하여 추종하고, 후궁의 간사한 무리들이 상감의 총명을 가리니, 선량한 충신의 바른 말이 무슨 효험이 있으리요.

이 때, 응교 박태보는 파직을 당한 처지여서 정청에는 참여하지 못하고, 달리 간할 길이 없어서, 예조의 모든 파직당한 조정의 신하들에게 사발 통문*을 놓아 다 같이 상소할 때, 이전에 형조 판서였던 오두인이 벼슬의 계급이 높으므로, 상소의 첫머리에 이름을 쓰는 주동 인물이 되고, 응교 박태보가 손수 상소문을 짓고, 여러 서리들이 상소에 가담하여 스무닷샛날 승정원에 바치고, 상감의 답변을 대궐 아래에서 기다리고 있었다.

상감께서 상소문을 보시고 크게 노하시어, 임금의 특명으로 중죄인을 신문하기 위해서 창덕궁 안에 있는 궁전인 인정전에 문초할 자리를 마련하셨다. 금부 당상들과 대신, 삼사들을 급히 불러 천지를 진동시키시면서, 추국하는 데 쓰이는 기구를 차리실 때, 횃불이 대궐 안에 가득

* **사발 통문**(沙鉢通文) 누가 주모자인지 알지 못하게 하기 위하여 필두가 없이 관계자의 이름을 사발 모양으로 뼁 돌려가며 적은 통문.

하고, 내외에 떠들썩한 소리가 진동하였다.

그 때, 벼슬아치들은 날이 이미 어두워졌으므로 내일 다시 상소하려고 각각 흩어져 가고, 주동 인물로 나선 소두 오두인, 전판서 이세화, 전참의 신수랑, 진주 목사 이돈견, 응교 박태보, 전수찬 김종신, 전한림 이인엽, 정언 김덕기, 조제수 등이 있기는 하나, 그 가운데 오두인, 이세화, 김덕기 등은 대궐 안에서 횃불이 왔다갔다하고 떠드는 소리가 진동함을 듣고 말하기를,

"이것은 필경 우리들을 다스리려고 하는 모양이다."

하더니, 과연 기별을 듣고 일시에 다 같이 의금부에 가서 처벌하기를 기다리는 처지가 되고 말았다. 그러자 사람마다,

"이젠 죽게 되었구나!"

하고, 떨면서 말을 못 하였으나, 응교만이 홀로 얼굴빛이 태연하여 말하기를,

"이 일이 이 지경에까지 이른 것은 조금도 이상하지 않은데, 놀라면 어찌하리요."

하고, 여느 때와 조금도 다르지 않았다.

이 때, 전참의 신수랑이 오두인더러 말하기를,

"대답하실 말씀을 의논치 않으십니까?"

하자, 이에 응교가 대답하여 말하기를,

"상감께서 만일 저 상소에 대해 물으시거든 바른대로 말씀하시오."

하자, 오 판서가 말하기를,

"어떻게 차마 바른대로 말할 수 있겠소?"

하자, 응교가 말하기를,

"이 일은 임금을 속이지 아니함을 으뜸으로 삼아야 할 것이니, 부디 일을 바로 하시오."

이 때, 이세화가 바지와 대님을 풀고 다리를 만지면서 말하기를,

"삼십 년 동안 국록을 먹어 살이 쪘더니, 이 다리, 오늘날 무더운 대궐 뜰에서 회초리 맞게 되었구나."

하였다.

이윽고 대궐에서 횃불 네 개와 중죄인을 신문하는 금부 도사, 나졸이 치달아 나오면서 급한 소리로,

"소우 오두인 어딨느냐?"

하거늘, 대답하여 말하기를,

"예 있네."

하고, 큰 칼을 목에 쓰고 잡혀 갈 때, 박응교가 오두인과 김덕기를 붙들고 말하기를,

"이 일을 바로 하는 것이 으뜸가는 일입니다. 대감이 들어가시면 상감께서 응당 누가 하소하자고 하였느냐고 물으실 것인즉 부디 바른대로 말씀하십시오. 이 일은 나 혼자서 담당할 일입니다. 내가 실로 혼자 지어 상소문을 쓴 것이니, 행여 바른대로 아뢰지 않으면 화를 여러 사람이 당할 것입니다. 부디 말씀을 바로 하십시오."

하고, 새삼스러이 당부하였다.

그리하여 바닥은 가죽이고 목은 긴 목화를 벗고, 미투리를 신고 앉아 있었다. 잠시 후, 횃불이 또 달려와 이세화와 유현을 찾으니, 이 두 사람이 그 다음 차례였다.

이세화는 칼을 쓰고 들어가고, 유현은 이 때 병이 중하여 문 밖의 자기 집에 있다가 잡혀 들어왔다. 조금 후에 횃불이 또 달려와,

"상소하자고 한 자는 누구인고?"

하고, 묻자 응교가 즉시 일어나,

"나일세."

하고, 망건을 벗어 담뱃대와 함께 종에게 주면서,

"모친께 가져다 드려라."

하고, 이어서 큰 칼을 가려쓰고 들어가자, 이인엽, 김종신, 조제수 등 여러 신하가 응교의 소매를 붙잡고 말하기를,

"어찌하여 의논도 않고 혼자 담당하려고 하시오?"

하니, 응교가 웃고 대답하여 말하기를,

"내 이미 마음 속으로 정하였으니, 무슨 의논할 일이 있을꼬."

하자, 이인엽이 대답하기를,

"그 글은 구태여 자네 혼자서 짓지 않았네. 우리가 다 같이 의논하여 지었는데, 혼자 담당하려 하는가?"

하자, 응교가 웃으면서 말하기를,

"그 상소는 내가 짓고 내가 썼으니, 내 죄를 자네가 대신 받을 이유가 없네. 죽어도 나 혼자서 죽고, 남을 죽이지 않을 것이니 염려 말게."

하고, 소매를 떨치고 나가자, 이돈견이 말하기를,

"여보게, 자네는 어찌하여 경솔히 내닫는가?"

하니, 응교가 돌아다보고 웃으면서 말하기를,

"이 때를 당하여 달려가지 않을꼬? 다시는 우스운 말 말게. 내가 벌써 정하였으니, 이 때를 당하여 피하려고 하겠소?"

하고, 얼굴빛도 변하지 않고 태연히 들어갔다.

오 공은 벌써 사실대로 자백하였고, 이 공 세화는 응교가 들어가 앉은 뒤 말하기를,

"우리는 나이도 많고 나라의 은덕을 많이 입었으니, 이제 죽어도 한 될 것이 없거니와, 자네는 나라의 은혜를 우리처럼 입었는가? 이제 들어가면 죽을 것이니, 부디 내게 미루소."

하니 응교가 칼머리를 잡고 말하기를,

"대감답지 않은 말씀을 하십니다. 내가 들어가서 할 말을 대감이 지휘하시렵니까? 신하는 이에 이르러 죽을 따름이지, 어찌 차마 거짓 말을 하겠습니까?"

하며, 끝내 바른대로 아뢰니, 사람마다 기특하게 여겼다. 이에 잡혀 들어가니, 상감이 자리에 앉으시어 크게 소리를 지르시면서 응교더러 말씀하시기를,

"내, 네놈을 자식처럼 어여삐 여긴 지 오래거늘, 네가 갈수록 이렇듯이 하는고? 전부터 나를 범하여 독살을 부리니, 괘씸하게 여기면서도 지금까지 모른 체하였으나 이젠 죽는 줄 알라. 나를 배반하고 간악한 부인을 위하여 무슨 뜻을 받아 간특 흉악한 노릇을 하는고?"

응교는 엎드려 정색하여 아뢰기를,

"전하! 어이 그런 말씀을 차마 하시나이까? 임금과 신하, 아비와 자식은 한 몸과 같다 하오니, 아비의 성품이 과하여 애매한 어미를 내치고자 하면 자식이 어이 살고 싶은 뜻이 있사오리까? 전하의 무고한 처사로 왕비의 지위가 장차 편안치 못하게 되시오니, 의로운 신하가 망극하와 오늘날 죽기를 정하와 상소를 드렸사온데, 어찌 전하를 배반하올 뜻이 있사오리까? 중궁을 위하는 일이 바로 전하를 위하는 일이오니, 전하를 모셔 온 중궁이 아니시나이까?"

하니, 상감께서 더욱더 노여워하시어 말씀하시기를,

"저놈을 빨리 결박하라! 이놈아, 네가 갈수록 나를 욕하는도다. 내, 역적을 처벌하는 법률을 쓰리라."

하시고,

"우선 몽둥이로 정강이를 치려니와, 무거운 돌로 무릎을 짓누르는 압슬 기구와 불에 태워 죽이는 화형 기구를 차리라."

하시자, 응교가 아뢰기를,

"다른 말씀은 하릴없사와, 의신이 이 상소를 지었다 하여 다스리려 하시거든 상소를 가지시고 신문하는 조목을 가지고 묻자오시면 자세히 아뢰오리이다."

상감께서 말씀하시기를,

"네, 그 중에서 어느 조목을 들거나 자세히 아뢰라."
하시자, 응교가 그 상소문 두 줄을 외워 낱낱이 여쭈기를,
"이 말씀은 이리이리하온 일이요, 저 말씀은 저리저리하온 말씀이니이다. 무릇 여염집에서 일처 일첩을 두는 사나이라도 집안 어른 노릇을 잘못하여 첩을 지나치게 사랑하는 일이 있으면, 집안의 화목을 도모하지 못하고, 고약하게 되는 일이 많사오니, 전하께서는 요사이 후궁을 총애하시는 일이 있으신 뒤로 하시는 일을 뵈오니, 의신이 매양 그러하오신가 의심이 있삽더니, 이제 과오를 범하오시니, 의신은 과연 그러하오신가 그리 아옵나이다."
상감께서 말씀하시기를,
"네가 반드시 그런 말을 해야 하느뇨? 그러면 나를 천첩의 거짓말을 곧이듣고 해괴한 짓을 하는 사람 같다고 하는 말이냐? 네가 나를 무고하여 미친놈 같다고 하느뇨?"
하시고, 이어 나장에게 되게 칠 것을 명하시어,
"매질하라!"
하시고, 해묵은 쇠사슬로 두어 번 얽어 무릎을 잔뜩 졸라매어 고개를 움직이지 못하게 하고, 추를 가슴에 닿게 동여매고 일일이 살펴서 각별히 엄한 형벌에 처하시니, 좌승지와 우승지, 금부 당상들과 도사와 나장 들이 일시에,
"되게 치라!"
하는 소리가 진동하자, 대궐 안에서 매질하는 소리가 천지에 진동하여 향교동에까지 들렸다. 피가 낭자하게 튀기고 살이 찢어지되, 응교는 한 번도 앓는 소리를 아니 하고 움직이지도 않으며, 낯빛 하나도 변하지 아니하니, 마치 헛것을 치는 것 같았다.
상감께서 더 크게 노하시어 말씀하시기를,
"이놈아! 네가 상감을 업신여긴 무도한 죄를 너무 오래 속여서 미안

하다고 하지 않겠느냐? 홍치상이 상감을 업신여긴 죄로 죽는 것을 너도 보았거든, 네 어찌 아니하느뇨?"

응교가 소리를 높여 아뢰기를,

"전하, 어찌 신의 뜻을 그리도 모르시나이까? 홍치상은 제가 가만히 한 일이옵거니와, 의신의 상소는 여론을 밝혀서 상소를 하였사온데, 어찌 홍치상에게 비교하시나이까?"

하였다. 상감께서 더욱더 노하여 말씀하시기를,

"음흉하고 간특한 계집을 위하여 저렇듯 억세고 악하뇨."

하시니 응교가 그 말씀을 듣고 각별히 얼굴 모습을 엄정히 하여 다시 기침을 하고 아뢰기를,

"전하! 어이 차마 이런 말씀을 하시나이까? 부부는 인륜지대요 성은은 인륜지지라 하오니 무릇 여염의 사람일지라도 부부의 의리를 소중하게 여기옵거늘, 중궁께서 뉘 배필이시라고 상감께서 아무리 진노하시기로 말씀을 이렇듯 도리에 어긋나게 하시나이까?"

하니 상감께서 더욱더 크게 노하시어 말씀하시기를,

"네가 나에게 겁을 주려고 하느냐? 네가 끝까지 자백하지 않겠느냐?"

하자 응교가 대답하여 아뢰기를,

"전하께서 근래 〈주역〉을 강론하시면서 어찌 건곤의 이치를 알지 못하시나이까? 중궁께서 설사 흉허물이 있으시다 하더라도 명성 왕후께서 계실 적에는 극진히 사랑하셨을 따름이요, 과실이 계시다 함을 듣잡지 못하였사온데, 어이 이제 원자께서 탄생하신 후로 저렇듯 허물을 하오시니, 의신은 필연코 인륜을 짓밟으셨다는 참소를 듣자오실 줄 알겠나이다."

상감께서는 극도로 노하시어 제대로 말씀을 못 하시면서 이르시기를,

"이놈아! 그 말 또 하라! 그 무슨 말인고. 네가 기어코 사죄하지 않겠느냐! 이놈의 억세고 악함이 무쇠보다도 더하는도다. 역률로써 압슬과 화형을 하리라. 네, 고놈의 말하는 주둥이를 지지라."

하시니, 나장들이 차마 그대로 못 하고 거짓으로 지지는 시늉을 하여, 그리 상하지 않게 길쭉한 막대기처럼 생긴 기구를 옆으로 쥐고 지지니,

"점점 치라!"

하시었다.

몽둥이로 정강이를 두 차례 맞았는데, 첫 채에 세지 않은 것이 열네 번이요, 둘 채에 세지 않은 것이 아홉이니, 모두 합하면 세 채를 맞은 셈이 되니, 살이 찢어지고 핏방울이 튀어, 바지에 잠겨 손으로 짜게 되었건만, 응교는 아픈 기색을 아니하였다.

상감께서 말씀하시기를,

"급히 압슬하라!"

하시자, 응교가 대답하여 아뢰기를,

"의신은 오늘날 죽음을 정하였삽거니와, 전하께서 일을 이렇듯이 하시오니, 훗날 나라를 망친 임금이 되실 것이오니, 그것을 서러워하나이다."

상감께서 말씀하시기를,

"내가 나라를 망치든 말든 네가 아랑곳할 것이 무엇이뇨?"

하시자, 대답하여 아뢰기를,

"전하께서 어찌 그런 말씀을 하시나이까? 의신은 집안 대대로 나라와 운명을 같이하는 신하이기에 나라와 더불어 기쁨과 슬픔을 같이 할 몸이옵기에 서러워하나이다."

상감께서 말씀하시기를,

"잔말 말고 압슬하라!"

하시고, 돌아서서 사관더러 이르시기를,

"태보의 그런 말은 쓰지 말라."
하시었다.

그 날 즉시 압슬 형벌을 내렸다. 우선 널을 가져다 놓고 사금파리*를 가득히 널 위에 깔았다. 그리고 몽둥이로 정강이를 얻어맞은 다리를 그 위에 올려놓은 다음, 그 위에 자갈 두 섬을 부었다. 상하 머리를 잔뜩 졸라맨 건장한 나졸이 한 머리에 셋씩 올라서서 질근질근하는 소리, 소리치며 널 뛰듯 발을 굴러 비비기를 한 차례에 열세 번씩 하여,

"속이지 말고 바른대로 아뢰어라!"

일시에 소리를 지르되, 응교는 안색을 동하지 않고 한 번도 앓는 소리를 내지 아니하니, 상감께서 더욱더 크게 노하시어 말씀하시기를,

"이놈의 억세고 악독함이 무쇠보다도 더 심하다. 저렇게 표독하거든, 나를 욕하지 아니하리요. 끝까지 자백하지 않고 억세고 악독하기가 비할 데 없으니, 네 기어코 모든 것을 실토하지 않겠느냐? 네 끝내 다른 무리들과 부화 뇌동한 사실을 자백하지 않겠느냐? 꿈 말은 어찌 된 말인고?"

하시니, 응교가 대답하여 아뢰기를,

"의신의 회포는 상소문에 다 하였사오니, 무슨 상감을 업신여겼다고 하시나이까? 소신은 털끝만큼도 상감을 업신여기는 무도한 짓을 한 일이 없사오니, 자백할 것이 없나이다. 꿈 말씀도 다른 데서 알게 된 것이 아니오니 어찌 알겠나이까마는, 전하께서 내리신 비망기 속에 있사옵기에 보고 알았사옵니다."

"이놈이! 그러면 내가 거짓말을 한다 하느냐?"

하시니 응교가 대답하기를,

"궁 안의 일을 의신은 자세히 알지 못하거니와, 꿈이란 것은 본디 허

* **사금파리** 사기그릇의 깨진 조각.

망한 것이오니, 어찌 구태여 일일이 맞기를 기약하겠나이까. 우연한 꿈에 나타난 일을 맞히지 못한 신들이 무슨 과실이오며, 몽매간의 일을 우연히 부부간에 아뢰었사온들 그것이 무슨 대단하신 허물이라고 일을 절박하게 하시어 큰 죄를 삼으시니, 이것이 크게 잘못된 일이 아니시옵니까? 비록 중궁은 꿈을 믿는다 하오셔도, 이전에는 전하께서도 꿈 꾸신 일을 여러 번 말씀하셨사오니, 의로운 신하는 전하께서 스스로 잘못하신 탓인가 하나이다."

상감께서 더욱더 크게 노하시어 말씀하시기를,

"네, 나를 거짓말하는 미치광이 같다 하느냐? 네, 간악한 계집이 너와 같은 당에 속한 사람이라 하여 저리 하느냐?"

응교가 아뢰기를,

"의신이 조정에 들어온 지 열세 해이오되, 의신의 인물이 세상 사람과 합함이 적어, 평생에 한결같이 무리짓기를 이리 삼가는 줄을 모르시나이까? 만일 어느 당을 따라 그른 일을 하옵고, 뜻 맞추기로 행세하옵게 되면, 어찌 전하께 뜻을 여쭙지 못하였사오리이까? 이 상소는 한 나라의 여론을 모아 하였사옵고, 전하의 신하가 되어 전하께서 덕을 잃으심을 보옵고 도리상 응당 죽도록 간하올 일이니이다. 전하의 하교를 듣자오니, 전하께서는 의신을 서인이라 하시어 이렇게 참형을 하시는가 싶으오이다."

상감께서는 더욱더 노하시어 말씀하시기를,

"네가 일정 나더러 서인이어서 그렇다는 말은 잘한 말이냐?"

응교가 대답하기를,

"전하의 마음을 깊이 생각하여 보소서. 아비가 아무 죄 없는 어미를 내치려고 하면 그 자식이 어찌 죽도록 간하지 아니하리이까. 알기 어렵지 않은 일이거늘, 전하께서는 어찌 그리 생각지 않으시나이까?"

상감께서 말마다 더욱더 크게 노하시어 말씀하시기를,

"저놈이 지독하게 독살을 부리니 바삐 화형을 행하라!"

시뻘겋게 단 두 섬의 숯을 응교 곁에 피우되, 미처 부채를 찾지 못하여 나장이 옷자락으로 부쳐 불기운이 좌우로 쬐니, 가까이 시위한 사람의 얼굴이 뜨거워 견디지를 못하였다. 쇠를 불에 달구어 지지면서,

"네 이래도 자백을 안 하겠느냐?"

응교가 고쳐 앉아 상감의 명령을 듣잡고 대답하여 아뢰기를,

"소신은 부도한 일을 한 일이 없사오니, 어찌 부도하였다고 자백을 하오리이까?"

상감께서 더욱더 크게 노하시어 말씀하시기를,

"독하고 독하다!"

하시고, 팔을 뽐내시며 앉았다 일어났다 하시고 말씀하시기를,

"속히 화형하되 나무에 높이 매달고 무릎으로부터 온몸을 지지라."

하오시고, 기둥 같은 나무를 박고 엄지발가락을 노끈으로 잡아매고서 머리를 풀어헤쳐 아래로 감아매어 거꾸로 매달고, 아래가 여섯 치나 뜨게 달아매었다. 진실로 다른 사람 같으면 기겁을 하여 말하기도 어려울 듯하건만, 정신을 더욱더 가다듬어 단정히 아뢰기를,

"소신이 듣자오니, 압슬이나 화형은 역적을 물으실 적에 쓰는 형벌이라 하오니, 소신이 무슨 역적의 죄가 있사오리이까?"

상감께서는 더욱더 노하시어 말씀하시기를,

"너의 죄는 역적보다 더하니라."

하시는데, 나장이 바지를 추슬러 주려고 하자, 상감께서 말씀하시기를,

"헤치고 살이 나온 쪽을 못 지질까?"

하시었다. 급하기가 번개 같고 위엄이 우레 소리 같으셨다.

미처 바지를 벗기지 못한 대로 찢고 벗기더니, 쇠를 불같이 달구어 낯에 쏘이고 기둥에 스쳤다. 연기가 풀풀 이는 기둥은 차마 눈뜨고 볼 수 없는 지경이었다. 쇠를 둘씩 달구어 지지기를 한 차례에 열세 번씩

하여, 앞뒤로 남은 살이 다 녹아 무릎까지도 남은 데가 없었다. 검기가 숯덩이 같되 사기가 태연하여 말씀을 더욱더 명백하고 정당하게 하며, 한 번 아프다는 소리를 아니 하고, 눈도 찡그리지 아니하였다. 좌우에서 시위하고 있는 사람들이 다 떨어 안절부절못하다가도 응교를 내려다보면 잠깐 진정되었다.

상감께서 말씀하시기를,

"이제도 상감을 업신여긴 무도한 죄를 자백하지 않겠느냐?"

대답하여 아뢰기를,

"소신이 이제 와서 뜻을 고쳐, 짓지 아니한 말은 못 하리로소이다."

상감께서 말씀하시기를,

"네가 상소한 사실 하나만 옳다 하고 다른 것은 자백을 아니 하니, 무궁히 지져 자백을 받겠다."

하시자, 대답하여 아뢰기를,

"소신을 의로운 절개라 하오니, 소신이 오늘날 신절을 다하려 하옴이니, 무슨 다른 자백을 하라고 하시나이까? 소신이 다만 10년을 서울 출입을 하되, 상감의 은덕을 갚지 못하였삽더니, 오늘날 전하께 이런 실덕을 하오니, 이것이 신의 죄이옵지 달리는 죄 입을 일이 없을까 하나이다."

상감께서 더욱 노하시어 사관더러 말씀하시기를,

"태보의 그런 말을 쓰지 마라. 인간이 저런 강하고 독한 놈이 어디 있으리요. 저렇거든 날더러 참혹하다고 욕을 아니 할까? 사납기가 쇠보다 백 배나 더하도다."

하시기를 열 번이나 더하시었다 하더라.

"화형은 무릎과 온몸을 다 지지라."

하시자, 우의정 김덕원이 한참 머뭇거리다가 여쭙기를,

"화형은 본디 할 곳이 있으니, 이리하시면 각별하온 법이 되리이다."

하자, 상감께서 말씀하시기를,
"그렇거든 역적 다스리는 화형 법규대로 하라."
하시니, 고쳐서 발 뒤축을 지지었다.
상감이 말씀하시기를,
"어찌 발 뒤축만 지지리요. 옆과 바닥을 다 지지라."
하시니, 비로소 어디라고 정하지 못하여 바닥, 옆 할 것 없이 꺼멓게 지지되, 응교는 안색을 변하지 아니하고 정신이 조금도 흩어지지 않고, 말이 조리 있어 조금도 본래의 의를 잃지 아니했다.
상감께서 소리를 높여 말씀하시기를,
"이놈! 네 기어코 이러하기냐. 유현이 상소문을 모른다고 하니, 정말로 모르느냐?"
응교가 대답하여 아뢰기를,
"유현이 제 어찌 상소하는 것을 모르오리까마는, 그 때 병이 아주 위중하옵기에 들어오지 못하게 하여, 제 자식을 시켜 이름을 대신 적게 하였사오니, 상소문이야 어찌 보았사오리까?"
상감께서 말씀하시기를,
"이세화는 너와 같이 글을 지었노라 하니 옳으냐?"
대답하여 아뢰기를,
"글을 지어서 쓰기를 소신이 하였사오니, 세화는 소신을 구하여 살리려 하옵고자 하여 제가 하였노라 하오이다. 이로써 의인의 살기를 얻었다 하나이다."
상감께서 말씀하시기를,
"네 마침내 부도한 사실을 말하려 하지 않는구나."
대답하여 아뢰기를,
"신을 죽이고자 하오면 바로 베실 것이지, 억지로 자백을 구태여 만들려고 하시나이까? 신이 뵈오니, 전하께서 지나치게 기운을 쓰시어 밤이 새도록 격노하시오니, 예사 성만 내셔도 기운이 손상하옵는 것이온즉 옥체 상하실까 염려되옵나이다. 아무리 자백을 받으려고 하오셔도 신의 마음이 임금을 속여 거짓 자백을 못 드리겠나이다."

하고, 또 우러러 아뢰기를,

"신이 죽어 지하에 가온들, 형벌을 못 견디어 거짓 자백을 한 귀신이 되어 임금을 속이게 되면 어찌 무리에서 부끄럽지 않으리이꼬? 신의 어미 나이 칠십이 넘삽고, 생부 나이 육십일이오니, 오늘 다시 보지 못하옵고, 죽으면 그 정념이 망극하겠거니와, 벌써 나라에 몸을 맡겼으니, 오늘날 죽기를 청하와 어찌 사사로운 정을 돌아보리이까? 죽이시겠거든 빨리 하소서. 다만, 신은 죽어도 옳은 귀신이 될 것이오니, 한이 없사오되, 전하께서는 어찌 차마 이런 행위를 하시어, 나라의 흥망이 여기서 판가름나고, 상감의 덕을 욕되게 하는 줄 모르시나이까? 중궁이 본디 세자 아니 계시므로 민망히 여기시어, 상감께 후궁을 가까이하시기를 권하셨사오니, 오늘날 원자 나오신 후 어찌 싫다 하오실 리가 있사오리까? 이 인륜 도덕을 해쳤다고 거짓 꾸며서 고해 바치는 말을 들으시고, 이런 전에 없던 지나친 행위를 하오시니, 신이 살아서 간하여 구하지 못하오면, 차라리 죽어서 모르고자 하나이다. 이제, 신의 마음에 품고 있는 생각을 다 아뢰었사오니, 빨리 죽여 주소서."

하고, 두 눈을 감고 아무리 물어도 한 말도 하지 않으니, 상감께서 손을 두드리시며 물으시기를,

"판의금부사가 손수 내려가 기어코 자백을 받지 못할까?"

하시었다.

민암(숙종 때 우의정)이 온몸을 떨면서 내려와 소리를 이루지 못하여 말하기를,

"죄인은 어서 자백하라!"

하니, 응교는 감았던 두 눈을 떠서 눈을 부릅떠 흘겨보고 소리를 높이 지르면서 말하기를,

"여보쇼, 내가 무슨 자백을 하리라고 어찌 핍박하느뇨? 나라를 어지럽히는 신하와 불충 불효한 자가 나라의 녹만 허비하고, 임금을 어진 일로 돕지 못하고, 알랑거리며 아첨하여 국모를 폐출하되, 오히려 나를 꾸짖으니, 이는 짐승과 오랑캐라. 나는 죽어도 충성스럽게 임금께 간한 무리가 되려니와, 너희는 살아 있으면 나라의 원수요, 죽으면 더러운 귀신이 될 것이며, 앙화가 자손에게 미치리라."

하니, 민암이 부끄럽기 짝이 없어 올라가 여쭙기를,

"아무리 지져도 자백할 의사가 없더이다."

하자, 상감께서 나중에는 속이고자 하여 말씀하시기를,

"그 놈 미욱한 놈이로다. 자백을 하기만 하면 놓아 줄 것을."

하시니, 응교가 이 말씀을 듣고 말하기를,

"전하, 신을 속여서 무엇하시리이까?"

화형을 두 차례 하니, 다리가 다 벗겨지고 심줄이 오그라져, 보기에 참혹한지라, 상감께서 오래 보시더니 아니꼽게 여기시어, 이에 대전으로 들어오시면서,

"다시 내병조로 끌어내라!"

하시고, 궁궐을 호위하는 무감더러 말씀하시기를,

"일찍이 흉악한 역적 박태보의 지독함은 알았거니와, 그토록 고집스럽고 모질기가 쇠보다도 더 심하다."

하시었다.

모든 나장이 일시에 달려들어,

"결박한 것을 풀고 감옥에 가두오."

하고, 맨 것을 끄르니, 그제야 숨을 길게 쉬고 소리를 내되, 목이 타 거의 죽게 되었더니, 차비문 서원이 어디 가서 찬 냉수를 한 그릇을 갖다

가 입에다 부어 주자, 비로소 눈을 뜨고 서원의 성명을 물었다.

임금의 명령을 전달하는 일을 맡고 있는 중사들에게 맡겨 내병조에 가서 또 형벌을 주었다. 형벌을 받은 것이 정강이 형벌 세 차례에 볼기 맞은 것이 20번이요, 무릎을 짓밟은 압슬 2차에 화형 2차로되, 함부로 형벌을 가한 것은 얼마나 되는지 알 수 없었다.

상소문에 이름이 올라 있는 여러 사람이 대궐 문 앞에서 죄를 주기를 기다리고 있다가, 응교가 중형을 받을 때마다 세는 소리가 들려 오자, 저렇게 당할 때 자기도 죽을 양으로 작정하고 가슴을 두드리면서 통곡하였다.

추국을 그치고 병조에 나와 그 다리를 싸맬 것이 없어,

"박 죄인의 다리 싸맬 것을 들이라."

하자, 김종신, 조제수, 이인엽이 옷자락을 잘라 들여보냈으나 모자라므로, 응교가 말하기를,

"내 도포 소매로 싸라."

하고, 낱낱이 몸을 움직여 싸매고 부채를 내주면서 말하기를,

"이것이 걸려 좋지 않으니, 내 집으로 보내소."

하였다. 그리하여 금부에 호송할 때, 창과 조총을 가진 군사가 호위하여 오거늘, 종질 되는 박칠순이 군사를 헤치고 달려들어, 덮은 홑이불을 들추고 그 손을 잡고 말하기를,

"아저씨, 참 장하십니다! 앞으로 어떻게 될지 모르오니 진정하소서."

하자, 응교는 말하기를,

"내 마음은 이전과 조금도 다름이 없다."

하고, 대답하였다.

금부에 들어가자, 그의 아버지가 임시로 거처하는 곳에서 기다리고 있다가 아들이 살았다는 말을 듣고 정신과 기운이 어떤가 알고자 하여,

"쓸 수 있거든 글자로나 적어 보내라."

하자, 응교가 대답하여 말하기를,

"역적을 처벌하는 법률로 하였다 하오니, 밖으로 전후 이야기를 통하기가 미안하여 못 하노라."

하였다.

다음 날, 다시 신문을 하는데, 영의정 권대운(송시열 등의 서인에게 사약을 내려 죽게 하는 등 가혹한 탄압을 가했음)이 상감께 아뢰기를,

"태보의 죄는 만 번 죽어도 아깝지 않사오나, 또다시 치기는 참혹하오니 사형에 해당하는 형벌을 감해 주소서."

하니, 이에 상감께서는,

"육지에서 멀리 떨어진 외딴 섬으로 귀양을 보내어, 위리 안치하라."

하시었다.

응교가 부친에게 글월을 적어 올렸는데, 거기에는

'소자는 혹형을 겹쳐 입었으되 오히려 살았으니, 하늘의 은덕이 큰 줄 아나이다. 지금 형편은 다리가 붓고 음식을 받아 통하니, 이로써 위로하소서. 유배지는 진도로 되나 봅니다.'

라고 씌어 있었다.

문필이 조금도 줄지 않았고, 옥졸들이 모두들 말하기를,

"자고로 이런 형벌을 입고 밖으로 살아나온 이는 없었으되, 지금 살아 계시니, 나으리 충성을 하늘이 감동하여 지금 살아 있다."

하였다.

사월 십칠일, 귀양 가 있을 곳을 정하여 금부 밖에 나서니, 그의 얼굴을 보기 위해서 사람들이 다투어 에워싸서 길을 나오지 못했다. 응교는 사람들 속에서 친한 사람의 얼굴을 알아보고 손을 들어 사례하였다.

서울 장안에서 사는 높은 사람이나 낮은 사람이나 노소 할 것 없이 한결같이 충신의 얼굴을 살았을 때 보리라 하고 무수한 사람들이 모였으며, 혹 통곡하여 아껴함을 마지않았다. 응교의 목숨이 끊어지지 않았

으나, 화형에서 받은 열이 급하여 목숨이 경각에 있을 듯하니, 명여동 결재에서 잠깐 내려 쉴 때, 그 부친을 위로하여 말하기를,

"마음을 진정하옵소서. 이 때, 모친의 기운이 어떠하시니이까?"

하였다.

모든 사람들이 말하기를,

"날이 이미 저물었고 병이 저러하니, 밤을 성 안에서 지내고 내일 문 밖으로 나가시오."

하였으나, 응교는 말하기를,

"내 병이 비록 중하나 죄명이 중하고, 오히려 목숨이 멀었는지라, 어찌 감히 성 안에서 잠시인들 머무르리요."

하고, 말하였다.

날이 어둡기 전에 미처 남문으로 나오려 하니, 길에 시장의 어른 장사꾼들이 갓을 벗고 집둥우리째 메고 가기를 다투어 말하기를,

"이 양반 타신 틀을 메는 것은 영광이다."

하고, 이어서 편하도록 여럿이 메니, 이제 인심도 오히려 귀함이 있었다. 남대문 밖에서 부자가 한데 모여서 정신을 차렸다. 그 모친이 나이 칠십이 넘고, 어려서부터 기른 정이 자기가 낳은 자식보다도 더하였다. 급히 나와서 아들을 보니, 온몸이 참혹하게 되었으니, 살려 낼 길이 없었다. 하도 서러워서 실성하여 흐느껴 울면서 눈물을 거두지 못했다.

응교는 불효하게 되었음을 슬피 여겨 어머님을 위로하여 말하기를,

"오늘날, 어머님을 만난 것은 성은이라, 죽어도 한이 없소이다. 어머님께서는 길이 서러워 마시고 불효의 죄를 더 커지게 마옵소서."

하는데, 정신은 또렷또렷해 보이나, 단근질*을 당한 열이 올라왔다. 약간 진 미음도 목에 넘기지 못하고, 증세가 위독하게 악화했는데 먼 길

* 단근질 불에 달군 쇠로 몸을 지지는 일.

을 떠나게 되었으니, 어떤 명의라도 고칠 길이 없었다. 보는 사람마다 서러워하지 않는 이가 없었다.

응교가 말하기를,

"내, 아마도 살지 못할 줄 알되, 지금은 죽지 않아서, 혹시 살아날까 하여 길 떠날 차비를 차리라고 하였으니, 가는 도중에 심심하여 보겠으니 책을 차려 주시오."

하니, 그 부친이 말하기를,

"책을 차린다는 것은 부질없는 일이니 하지 말라."

하자, 보고 듣는 이는 모두 다 참혹하게 여기었다.

병세가 더하여, 그 날 바로 길을 떠나지 못하여 문 밖에서 병을 보아 가려고 하였더니, 며칠이 지나도 더욱 위중하고, 왕명이 날로 급하신지라, 머물러 있기가 미안하였다.

오월 초하룻날, 강 건너 동막에 가서 병세가 더 심하여 시시각각 화열이 급히 막혀서 가지 못하여 머물고 있었다.

금부 도사가 자세히 기술하여,

'병세를 보아서 가려 한다.'

고 아뢰자, 상감의 답변에,

'더디다.'

하시었다.

응교는 스스로 가지 못할 줄 알고, 온몸이 참혹하게 붓고 아픔이 심하되, 양친이 계시는 고로 침으로 불의 독한 기운을 빼 내라 하고는, 좀 있다가 벗과 우스갯소리를 하였다.

그 조카가 나간 뒤,

"나라의 일이 어찌 되었나뇨?"

하고, 묻기에

"중궁이 구태여 폐출당하셨다."

고 하니, 한숨지어 탄식하면서 말하기를,

"가엾으시다."

하였다. 그 벗들이 어떻게 구해 줄 수 없을까 애들을 쓰며 불쌍히 여겨, 병신이 될지라도 살기를 바랐다. 그렇듯 고통을 겪되, 단 한 번도 억울하게 형벌을 입었다고 나라를 원망하지 않고, 신하로서 당연히 할 일을 한 것으로 알고 있어서 그 충성이 진실로 보기 드물어, 가히 믿기가 어려웠다. 곁엣사람이 거짓 웃고 놀리면서 말하기를,

"타 죽으려다가 살면 오죽 기특할까. 하지는 특히 단단하니 살리라."

하니, 이에 응교가 대답하기를,

"성상은 살리려고 놓아 주셨으나, 내 기운이 내붙지 못할까 싶고, 음식을 하도 못 먹으니 산다는 것은 황당한 일인 듯싶으이."

하고, 희롱의 말로 대답하되, 살이 날로 썩고 화열이 점점 중하여 정신이 때로 혼미하여 일신이 축 꺼지니, 별도리가 없었다.

점점 더 병이 위중하여 정신이 아주 없으되, 그 벗 최석정(숙종 때 영의정)이 나아가 악수하고 곁에 머무르니, 응교가 말하기를,

"어르신네 병환이 어떠신고?"

하였다.

어전에서 관찰사, 어사들이 상감께 계문을 올리어,

'태보의 화상을 평안도 화사 조세걸에게 맡겨 주옵소서.'

하니, 상감께서 마지못하여 그리 하라고 하였으나, 그 화사가 이미 평안도로 가 버려서 맡기지 못하였다.

평산 부사 유주인이 응교 죽던 날 아침에 가 보니, 응교가 말하기를,

"평산이 조세걸 있는 데서 가깝고 왕래하기가 쉬우니, 나의 화상을 쉬 낫게 해 주고자 하는 뜻을 영숙은 부디 유념하여 수이 통하고……."

하니, 그 정신이 그 때까지도 멀쩡하였다.

오월 초닷샛날, 병이 더 위독해지자, 죽을 줄로 작정하고 밤에 곁에 있는 사람더러 말하기를,

"내 아무래도 살지 못할 줄 알고 있었으나, 양 노친을 위하여 좋은 약을 받아먹고 화열을 막아 발을 놀리더니, 이제 점점 병이 위중하고, 또 이내 부어서, 비록 배고픈 줄은 아나 진 미음을 목 안에 넣지 못한지 여러 때 되었으니, 이제 죽을 줄 알며, 괴롭게 할 것이 아니라, 이것들을 다 치우소."

하여, 이에 다리를 매었던 것을 떼어 놓고, 새 자리를 가져오라 하여 펴고 누워, 그 날 밤에 아버지를 청하여 사뢰기를,

"나라에서 신문하는 자리에 갔던 이야기는 제가 여쭙지 않으면 자세히 알지 못하실 것이오니, 처음부터 끝까지 아뢰오리다."

하고, 처음부터 끝까지 두어 가지를 이야기하거늘, 박 공이 말하기를,

"네 기운이 참혹하고, 말하지 않아도 들은 이가 많아 자연히 알게 될 것이니, 다른 말이 있거든 하라."

하니, 응교가 대답하기를,

"부친의 비명에 지으신 글이 좋사오나, 두어 자 빠진 것은 전에 여쭙던 대로 하여 쓰소서."

하니, 그 양아버지의 비명을 박 부제학이 지었는데, 그 말을 가리킴이었다. 또, 사뢰기를,

"형님 행적을 죄다 지었으되, 혹 빠진 것이 있어도 감사 형님과 의논하여 극진히 하여 쓰시고, 소자 대를 잇는 아들은 다음 형제 중 자라는 대로 정하소서."

하니, 다음 형제란 박태유의 아들을 말함이었다.

또, 말하기를,

"소자의 산소는, 금노 땅에 이전에 소자가 정한, 산의 정기가 모인 혈처가 있사오니, 그 혈을 얻어 쓰시고, 부디 금노 땅에 쓰시어 부친의

산소가 외로운 혼이 되지 않게 하소서."
하니, 금노는 양아버지의 산소였다.
이에,
"양어머님 나오소서."
하니, 어머님이 부인을 데리고 나왔는지라, 응교가 사뢰기를,
"이제, 모친의 눈앞에서 죽사오니, 불효 막대하오나, 이것도 운명이니, 모친은 너무 서러워 마시고 마음을 진정하소서. 소자의 대를 잇는 일은 다음의 형제 중에서 나오리이다."
하니, 어머님이 흐느껴 울면서 차마 아무 소리도 못 하였다. 이에, 어머님이 고이 들어가고, 모든 친구들이 응교더러 말하기를,
"우리한테는 할 말이 없는가?"
하니,
"무슨, 낱낱이 할 말이 있을꼬?"
하고, 잠깐 눈을 감았다가 말하기를,
"매부 왔는가?"
두세 번 물으니, 그 매부인 제민이 말하기를,
"자네, 평생 행실이 하나도 부끄러움이 없소이다."
하니, 응교가 말하기를,
"사람이 평생에 그런 일이 조금도 없기가 그리 쉬울까? 다만 대단한 부끄러움은 없는가 모르겠네."
하니, 대답하여 말하기를,
"사육신 무덤 곁에 있어도 서로 부끄럽지 아니하리라."
하자, 응교가 말하기를,
"젊은 사람이 어찌 부러워하는고?"
하고, 말하였다.
그의 조카사위 통진(김포의 옛 이름) 신학이 말하기를,

"통진서 올라올 때, 길에서 나라의 신문장에 들어갔던 사람을 만나 들었는데, 하소연도 너무 골똘히 하고, 여럿이 상소했으니, 혼자서 책임질 일이 아니로되 혼자서 당했는가 싶다 하니, 그 말이 옳던가? 이토록 지독한 참형을 입어 죽기에 이르렀는고?"

응교가 두 눈을 감았다가 고개를 들어 말하기를,

"누가 그런 말을 하던가? 무슨 지극히 당연한 말도 하던가? 그러면 최석정과 이돈에게 미루라고 하던가? 최석정과 이돈은 이 상소를 지어 왔으되, 말의 뜻이 모호하기에 내가 고쳐 써서 상소하였는데, 어찌 남에게 미루며, 그리 알았던들 그 때를 당하여 남에게 죄를 지워 무엇하리요?"

하고 말했다.

화독이 올라서 침이 말라 말이 끊어지려고 하자, 통진이가 말하기를,

"천천히 아니 들을까?"

하니, 그만하여 그치었다.

이튿날, 어머님이 다시 나와 보니, 응교는 두 눈을 감았다가 떠 보기를 세 번을 하되, 오래 눈을 감았다가 여쭙기를,

"모친께 다시 아뢸 말씀이 각별히 없거니와, 아마도 길이 평안하소서."

하며, 근심스럽고 슬픈 빛이 많았다.

그의 부인이 어머님 곁에 와서 우니, 응교가 두 눈을 감았다가 다시 떠 보고 말하기를,

"이렇게 죽은 뒤에 어머님은 오직 그대만을 의지할 것이오. 하물며 내 후사는 그대가 죽으면 더 어려울 것이니, 지나치게 근심하여 마음과 몸이 상하게 하지 마시오. 내, 이제 죽겠으니 그대는 들어가시오."

하나, 부인이 울고 머뭇거리니, 다시 고개를 들어 꾸짖어 말하기를,

"남자 죽는 자리에 부인이 앉지 않는 법이니, 얼른 들어가시오."

하고, 조카더러,

"모시고 들어가라."

하였다. 그의 아버지가 말하기를,

"또 무슨 할 말이 있느냐?"

하고, 물으니

"다른 말씀은 구태여 할 말씀이 없사오나, 무준이가 나이가 자랐으되 글이 어두우니 부디 힘써 가르치소서."

하니, 그의 아버지가 말하기를,

"내가 어찌 너를 살리기를 바라리요마는, 오히려 지금 살아 있으니 천행으로 살려나 보다 했더니, 이제는 살지 못하겠으니, 이도 하늘의 운수다. 임종이나 조용히 하여라."

하니, 응교가 대답하기를,

"임종은 조용히 하리이다."

하자, 그의 부인이 차마 보지 못하여 나가서 목이 메어 슬프게 울었다.

응교가 탄식하고 매부더러 말하기를,

"내, 친히 부친께 사뢰려 하였더니, 참혹히 여기심을 망극히 여겨 못 하였더니, 다시 가서 여쭙고 우리 형제가 다 눈앞에서 참경을 보시게 하니, 차마 어찌하리요. 너무 상심치 마소서라고 여쭙고, 장례 때는 내가 평생에 물든 것을 입지 않았으니, 또 죄인으로서 죽으니, 부디 장례를 죄인과 같이 검박하게 하소서 하고 여쭙게."

하였다. 점점 담이 끓어 오르자, 응교가 말하기를,

"왜 이다지도 괴로운고."

하고, 울면서 말하더니, 오월 단옷날 사시에 숨을 거두었다.

슬프다, 옛날부터 충신 열사로서 원통히 죽은 이가 많지만, 태보의 사심 없는 순수한 충성심은 고금에 뛰어났으니, 그 아름다운 이름이 비석에 새겨져 길이 전해지리니, 어찌 죽었다 하리요.

하지만 칠십이 넘은 생가와 양가에 부모가 계시니, 극히 참혹하였다. 태보가 죽었다는 소문을 듣고, 장안에 사는 어느 벼슬아치나 백성이 울지 않은 이가 없으며, 간신 노릇을 하기도 참으로 어려운 일이라고 탄식하며 슬퍼하지 않는 이가 없었다.

이 때, 후께서는 친정 아버님 상사 뒤에 지나치게 애통해하신 나머지 옥체가 종종 편찮으시더니, 좌우에서 모시고 있는 상궁이 이 말씀을 듣고 대성 통곡하며 빨리 들어와 후께 아뢰니, 후께서 안색을 하나도 변하지 않으신 채로 크게 탄식하여 말씀하시기를,

"또한 하늘의 재앙이로다. 누구를 원망하리요. 그대들은 병처럼 입을 꼭 다물고 있으라."

하시고, 마음을 편안히 가다듬으시고 조금도 동요됨이 없으셨다.

이 때, 후께서 변을 당하셨다는 말을 듣고, 명안 공주가 고모 대장 공주와 함께 크게 놀란 나머지 화급히 대궐로 들어와 상감을 찾아뵙고, 후의 아름다운 덕행 및 거룩한 행실과 참언이 간사한 일임을 아뢰고, 대왕 대비께 시탕하시던 일들을 아뢰었다.

그리고 눈물을 흘리면서 지극히 간곡하게 말씀을 드려, 충성스런 말씀이 격렬하고 절실하였으나, 상감께서는 끝내 허락하지 않으셨다. 어쩔 수 없는지라, 탄식만 하고 물러나 후를 찾아뵙고 목메어 슬퍼하고, 옷깃을 잡고 흐느껴 울면서 능히 말을 이루지 못하였다.

후께서 탄식하고 위로하여 말씀하시기를,

"화와 복이 하늘에 있으니, 나의 행색도 또한 하늘이 정해 주신 운명이므로, 다만 순순히 따를 따름이라. 누구를 원망하리요마는, 공주가 이렇듯 간절하게 생각해 주시니 은혜는 잊지 않겠나이다."

공주가 그 덕행에 탄복하고 위로하여 말하기를,

"뜬구름이 한때 상감의 총명을 가렸으나, 상감이 근본은 어질고 밝으시니, 오래 가지 아니하여 뉘우치시리이다."

차마 놓지 못하여 후를 붙들고 눈물을 줄줄 흘렸다. 수많은 궁녀가 모두 울면서 차마 떠나지 못하다가, 후께서 불안해하실 줄 알고 궁 밖으로 나갔다.

이튿날, 사헌부의 감찰과 상궁이 상감의 어명을 받들고 침전에 이르러, 중궁을 폐한다는 어명을 아뢰었다. 후는 천연히 일어나 예복을 벗으시고, 쓰개와 비녀를 끄르시며 토방에 내려오시어, 전교를 들으시고 즉시 내전을 떠나 친정으로 나오실 때, 궁중 사람들이 다 통곡하여 울음 소리가 낭자하였다. 상감께서 이 소식을 들으시고 크게 노하시어, 궁녀들을 모두 관원의 명부에 기록해 두고, 급히 어명을 내리시기를,

"빨리 나가시라."

하였다.

이씨 조선이 들어선 후로 일찍이 이런 예절이 없고, 이런 일이 없는지라, 급히 친정에 기별하여,

"탈것을 들여오라."

하시었다.

이 때, 궁녀들은 모두 권세를 따르고 은총 입기를 원하는지라, 후의 형세가 외롭게 되자 업신여기면서 언어가 방자해지고 행실이 교만해져서 조금도 존경하는 법이 없이 거드럭거렸다. 후께서는 그런 줄을 알면서도 모르는 체하시고, 좌우에서 모시고 있는 궁녀들은 놀랍고 분함을 이기지 못하였으나 처벌받을까 두려워서 감히 말을 못 하고 구석구석에서 머리를 맞추어 흐느껴 울면서 서러워할 따름이었다.

한 궁녀가 장씨의 가르침을 들었기 때문에, 앞으로 나와서 후의 옷을 뒤지려고 하자, 후께서 문득 천연히 웃으시고 옷을 풀어 보이시면서 두 눈으로 궁녀를 흘겨보시니, 맑은 광채가 햇빛 같아서, 사람의 오장을 들여다보시는 듯이 말씀을 하지 않으시나, 기상의 엄연하심이 추상 같으시니, 궁녀가 부끄럽고 두려워서 고개를 숙이고 물러나자, 좌우에 있

는 사람들이 더 어렵게 여기었다.

상감께서는 노하심을 그치지 않으시고, 궁 밖으로 나가라고 재촉하셨다. 이 때, 본가에서는 서대문 밖의 아현동 고개인 애오개로 나가고, 부인네만 몇 명 남아 있어서, 미처 가마를 꾸미지 못하고 있는 중인데, 벌써 요금문(창덕궁 북문 중의 하나)에 나오셨다는 말이 들려 왔다. 몹시 황급하게 흰 명주보로 위를 덮어 가마를 메고 들어가자, 벌써 경복당 앞에 내려서 기다리시다가 매우 분한 표정을 지으시면서 가마에 올라 요금문을 나섰다.

그 때, 궁녀 칠팔 명이 통곡하면서 뒤를 따르고, 액정서에 딸린 하인들이 일시에 따라오면서 통곡하니, 행색이 처량하였다. 수심어린 구름이 일어나고, 날씨도 음울하여 슬픔을 돕는지라, 그 참담함을 어찌 다 형언하겠는가.

선비 오십여 명이 요금문 앞에서 기다리고 있고, 백여 명은 돈화문에 엎드려 상소를 써 올리고 목놓아 소리 높이 울었다.

중전이 나오시는 모습을 보고 매우 놀라 뒤를 따라오면서 큰 소리로 울고, 선비 백여 명은 안국동 본가에까지 이르렀다. 울음 소리가 천지에 진동하고, 백성은 남녀 없이 길을 막아 통곡하며, 시가에 있는 모든 상점들은 문을 닫고 통곡하였다. 초목 금수가 다 슬퍼하는 듯하고, 수심 어린 구름이 자욱이 끼여 햇빛도 비치지 않았다.

이 때, 상감께서 이런 말을 들으시고, 임금의 총명이 막히어 도리어 인심을 가슴 아프도록 몹시 한탄스럽게 여기시어, 상소한 자 중에서 첫머리에 적혀 있는 세 사람을 먼 곳으로 귀양 보내어 엄벌에 처하셨다.

후께서 안국동 본가로 나오시니, 어머님이 마주 나와 붙들고 통곡하셨다. 후가 돌아가신 아버님의 옛 자취를 생각하시어 통곡하시다가 이윽고 어머님께 말씀하시기를,

"죄인의 몸으로 친족을 모시고 편안히 있지 못할 것이니 나가소서."

하고, 권하시니, 부인네들이 통곡하면서 마지못해 애오개로 다 나가신 후, 그 날 분부를 내리시어 안팎의 문을 모두 닫아 버리게 하시었다.

본가의 종은 한 명도 두지 아니하시고, 다만 궁녀만 두시었다. 안채를 쓰지 아니하시고 아랫집에서 거처하시는데, 궁인은 모두 본가 궁인이요, 세 사람은 궐내 궁인이었는데, 죽기를 무릅쓰고 나왔기에 후가 말씀하시기를,

"너희가 본디 대궐 안에 있는 시녀들인데, 내가 어찌 외람되이 거느리겠는가? 들어가라!"

하시자, 세 사람이 머리를 두드려 울면서 아뢰기를,

"신첩 등이 낭랑(왕비)의 성은을 이 세상에서 갚지 못할 것인데, 어찌 한때라도 슬하를 떠나오리이까. 낭랑을 좇아 죽으리로소이다."

후가 그 지성에 감동하시어 내버려 두셨다. 집은 크고 사람은 적은 데다가 각 방이 다 비어 아무도 드나들지 못하므로, 무서울 정도로 쓸쓸하고 고적하여 사람의 발자취가 끊어졌다.

아름답고 화려한 대궐 안에서 데면데면한 일과 번화한 부귀를 누리다가 슬프고 한심함을 이기지 못하나, 괴로운 줄을 생각지 아니하고 후를 지성으로 모시고 있으면서, 매양 슬퍼서 서로 얼굴을 대하여 한탄하고 눈물을 흘리다가도, 후가 천연스러이 정숙하게 계시는 모습을 보면 감히 슬픔을 나타내지 못하였다.

이 때, 후의 삼촌 좌의정 민정중 공이 귀양 가고, 종형제도 모두 먼 곳으로 유배를 가서 애오개 집에는 부인만 계셨다. 아침 저녁의 수라를 애오개에서 안국동으로 가져오기를 칠팔 일이나 하셨다. 후가 좌우더러 말씀하시기를,

"밥과 반찬을 먼 곳에서 가져오기 어려우니, 앞으로는 마른 반찬을 받아들이라."

하셨다.

궁중에서 수라를 해서 가져왔으나 하루에 한 가지도 잡숫지 않으시니, 좌우가 더 소리 없이 슬피 울고, 가까운 친족들이 문 밖에 찾아오되 보시지 않으시고, 다만 오지 말라고 하시니, 감히 가지 못하였다.

이러구러 칠월을 당하여 본댁에서 송이를 가져다 드리거늘, 보시고 문득 처량하고 슬픈 듯이 얼굴빛이 변하시며 눈물을 흘리시기에 궁녀가 꿇어앉아 묻기를,

"낭랑이 위태한 때를 당하셔서도 태연하시더니, 오늘 새로이 슬퍼하심은 어쩐 일이오니까?"

후가 탄식하고 말씀하시기를,

"내가 이리 되었으나 흰 옥처럼 아무 죄가 없으니, 시운만 한탄할 것이요, 무엇을 슬퍼하겠느냐. 내가 대궐 안에 있을 때, 본가에서 송이를 무역하여 가져다 드리면, 양 대비전께서 즐겨 잡수시기에 수라에 썼는데, 오늘 송이를 보니 마음이 절로 슬퍼지는구나."

말씀함을 따라 눈물이 얼굴을 적시자, 좌우가 소리 없이 울면서 우러러뵙지 못하였다.

호와 사방의 벽을 바르지 않으시고, 너른 동산과 집 안의 풀을 매게 않으셔서 한길처럼 무성해지고, 사람의 발자취가 고요해지자, 도깨비와 허다한 잡것 들이 날이 저물기만 하면 사람 다니듯이 나다니니, 궁인들이 무서워서 움직이지 못하였다.

하루는 난데없는 큰 개 한 마리가 들어왔는데, 모양이 매우 추하였다. 궁인이 쫓아냈으나 나갔다가 또 들어와서 나가지 않는 것을 보시고 후가 말씀하시기를,

"그 개가 출처 없이 들어와 쫓아내되 나가지 아니하니, 기이하므로 내버려 두라."

하시었다.

궁인이 밥을 먹여 주었더니, 십여 일 후에 새끼 세 마리를 낳았는데,

가장 크고 사나웠다. 그 후로는 날이 저물어 산도깨비의 불빛과 잡것의 자취가 있으면 개 네 마리가 함께 짖어 대니, 잡귀가 급히 달아나 종적을 감추었다. 그리하여 산이나 강이나 돌 등에서 생겨난다는 온갖 도깨비인 이매망량이 없어서 집안이 편안해졌다. 대개 무지한 짐승도 도움이 되어 주거늘, 하물며 신하와 백성이랴. 후가 폐출당한 후로 조정에 기뻐하는 소인이 많았으니, 도리어 금수만 못하였다.

후가 천성이 단정하고 정중하시어 요동하시는 일이 없으시나, 항상 급한 비바람에 우레 소리가 나면 두려워하시어, 뜰에 계시다가도 바로 방 안으로 들어오시곤 하셨다.

종일 적막함을 이기지 못하시어, 오라버님 민진후의 딸을 팔 세에 데려다가 두시고, 〈소학〉과 〈열녀전〉을 가르치시며 바느질과 길쌈질을 가르치며 소일하시었다. 신세가 구차하여 쓸쓸하시되, 일찍이 사람을 탓하고 원망하는 바가 없어 천연 자약하시니, 좌우가 더 기쁜 마음으로 복종하고, 아버님 삼년상을 마치신 후에는 더욱더 몸이 상하도록 지나치게 슬퍼하시어 옥체가 자주 편치 않으셨다.

본가에서 채색옷을 지어 올렸으나 받지 않으시고 말씀하시기를,

"죄인이 어찌 채색옷을 입으리요. 무명으로 옷과 이부자리를 하라."

하시어, 다시 무명 치마와 순색 저고리를 드리자 입으시고 무명 금침을 덮으시며, 보물과 진기한 반찬을 가까이하지 않으셨다.

이보다 앞서 상감께서 인현 왕후를 내쫓으시고, 희빈 장씨를 왕비로 책봉하시고는, 궁중 사람들의 축하를 받게 하였다.

어느 궁녀가 중궁을 생각하고 슬퍼하면서 장씨의 참람함을 분하게 여겨 앙갚음을 하고자 하였으나 조정에 어진 사람과 신하가 없으니, 누가 감히 말을 할 것인가. 그윽이 원한과 분함을 품고 눈물을 머금어 축하 인사를 마치었다.

상감께서는 희빈의 아비를 옥산 부원군에 봉하시고, 빈의 오라비 장

희재에게 훈련 대장을 제수하시었다.

그러자 모든 사람이 한심스럽게 여겼다. 법률과 기강이 풀어져 망하기만 기다리고, 팔도의 인심이 산란해지더니 떠들썩한 소문이 흉흉하였다. 대개 예로부터 덕이 높고 지혜로운 임금이라도 한 번은 참소를 듣지만, 숙종 대왕의 뛰어난 문무로도 장씨에게 이토록 깊이 빠져서 나라의 체모를 어지럽게 하심은 실로 의외의 일이었다.

이듬해 경오년(숙종 16년)에 장씨가 낳은 아들을 왕세자에 책봉하시니, 장씨는 양양 자득하여 방약 무인하였다. 그러기에 모진 짓을 일삼아 비빈을 절제하고, 궁녀에게 엄한 형벌을 내리어, 포악한 말과 교만한 행동은 말로써 형언할 수 없을 지경이었다.

장희재는 밖으로 흐리고 어지러우며 음험하여, 팔도에 다니면서 장난을 하고 다니되 감히 말할 사람이 없었다.

이렇듯 삼사 년을 지내자, 천운이 돌고 돌아 뜬구름이 점점 걷혀 태양이 밝아져서, 임금의 총명이 점점 과거의 잘못을 깨달으시었다. 민후의 원통하고 억울하심을 아시고 장빈의 요음간악함을 짐작하시어 의심이 가득해지시니, 기색이 전날과 달라지셨다.

소인과 간신이,

"후의 삼촌 되는 숙질을 다 잡아들여 죄를 다스려 주소서."

하고, 날마다 임금에게 글을 올렸지만, 마침내 불윤*하시었다. 이렇게 되어 민씨의 집안이 보전되었다.

장씨는 그윽이 상감의 뜻을 짐작하고 크게 두려워서, 오라비 희재와 함께 꾀를 짜내어, 갑술년(숙종 20년)에 옥사를 다시 일으켜 어진 이를 다 죽이고, 또 중궁에게 사약을 내려 죽이려 하자 사건이 커졌다.

상감께서 희빈의 하는 짓을 지켜보시면서 그 심법*을 살피시어 완연

---

* 불윤(不允) 임금이 신하의 청을 허락하지 않음.
* 심법(心法) 마음씨를 쓰는 법.

히 간교한 사람의 흉악한 음모를 아시었다. 즉일로 옥사를 뒤집어 간사하고 아첨하는 신하를 모두 다 물리치시며, 옛 신하를 다시 불러다 쓰실 때, 대전 별감(임금이 거처하는 곳에서 심부름하던 벼슬)이 세 번이 나와서 본가 궁을 둘러보고 들어가더니, 사월 초아흐렛날에 비망기를 내려보내어 중궁의 무죄하심을 밝히시고, 별궁으로 모시라고 하시며, 상감이 친히 편지를 써서 내려보내시어 상궁 별감과 중사를 보내시니, 후가 사양하여 말씀하시기를,

"죄인이 어찌 문 밖 사람을 접하며, 감히 어찰을 받으리요."

하시고, 문을 열지 않으시었다. 연 사흘을 대전 별감이 문 밖에서 밤을 새우면서 문을 열어 주시라고 아뢰었으나 열어 주시지 않으셨다.

이토록 겸양하심을 상감께 돌아가 아뢰자, 상감께서 더 어렵게 여기시고, 또 답답하시어 예조 당상을 시켜 문 열기를 청하였으나 허락하지 않으시니, 예조와 승지가 와서 나라의 체모로 보아 그렇게 하시면 안 된다고 아뢰었으나 역시 허락하지 않으셨다.

상감께서 민씨 집안에 엄한 분부를 내리시어,

"이렇게 함은 임금을 원망하는 일이니, 빨리 문을 열게 하라."

하시기에, 민씨 집안에서 황송해하며 편지를 올려 수없이 간청하였으나 끝내 허락하지 않으셨다.

며칠 후, 또 2품을 보내어 문 열기를 청하시니, 그 중신이 말씀을 아뢰기를, 사태가 그렇게 못 하실 것이라고 하면서 여러 차례 누누히 문 열기를 청하자, 후가 궁녀에게 전하여 말씀하시기를,

"죄인이 천은으로 일명이 살았은즉 그것도 황송하온데, 어찌 감히 나라의 명령을 받들며, 번화하게 사람을 만나 보리요. 어명을 여러 번 내리시니 더욱더 불안하옵니다."

왕명을 전달하는 사관이 절하여 어명을 받들고 재삼 간청하고, 민씨 집안에 두 번 엄한 분부를 내리시자, 큰오라버님 되시는 판서 민 공이

황송하고 두려워서 후께 간절히 권하자, 사월 이십일일 밤에 비로소 바깥문을 여시었다.

초목이 무성하여 사람의 키와 같으므로, 상감의 명령으로 군사를 동원하여 풀을 모두 베어 버리게 하고 나서 들어가니, 풀이끼가 섬돌 위에 가득히 끼여 있고, 먼지로 인하여 창문을 분간하지 못하니, 사관이 탄식하면서 눈물을 흘리었다. 사랑채를 깨끗이 치우고 사관과 군사가 들어앉으니, 황폐하여 쓸쓸하던 집이 순식간에 변화하였다. 궁인들이 문틈으로 내다보고 한편으로 기뻐하고 한편으로 슬퍼하면서 눈물을 흘리며 즐겨하되, 후는 조금도 기쁜 기색이 없어 불안하게 여기었다.

바깥문이 열리자 민씨 집안에서 가마가 무수히 들어가고, 문이 열렸음을 상감께 아뢰자, 상궁 넷을 보내시어 어찰을 내리셨다.

상궁이 왔다고 아뢰었으나 문을 열지 않으시니, 반나절이나 밖에서 기다리고 있었다. 그 사이에 별감이 연달아 달려와 어찰을 보시기를 청하는 것을 보고, 민씨 집안에서 민망하게 여기어, 상감에 대한 무례한 짓임을 누누히 아뢰어 권하니, 후가 마지못하여 문을 열라 하시었다.

그제야 상궁이 섬돌 아래에서 머리를 조아리면서 죄를 청하고, 눈물을 흘리면서 우러러뵈오니, 얼굴과 의복이 초라하고 보잘것이 없는지라, 슬픔을 이기지 못하여 소리가 나는 줄도 모르고 슬피 울었다.

후는 두 눈을 낮추어 못 보신 체하고, 어찰을 드리니, 상감께서 계시는 북쪽을 향하여 네 번 절하시고 한참 후에야 보시니, 종이에 가득한 사연이 모두 다 과거의 잘못을 뉘우치시고, 시운을 슬퍼하시며, 대궐 안으로 들어오시라고 청하신 것이었다. 후가 편지를 다 보시고 나서 말없이 단정히 앉으신 채 말씀을 하지 않으시었다.

상궁이 엎드려 아뢰기를,

"성상께서 신첩에게 분부하시기를, 낭랑의 답장을 맡아오라 하셨는지라, 회답을 청하나이다."

후가 한참 후에 탄식하면서 말씀하시기를,

"너희가 돌아가, 다만 죄를 지은 첩이 감히 답서를 쓸 수 없어 못 하나이다 하고 아뢰라."

하시었다. 상궁이 깊이 듣지도 못하고 하직하고 물러나 대궐에 들어와 후를 뵈온 대로 아뢰었다. 상감이 처량하고 슬프게 감동하시어 더욱더 뉘우치시었다.

이튿날 아침에 또 편지를 내리시고, 의복 금침과 반상을 보내시니, 모든 상궁이 어명을 받들고 옛일을 얘기하면서 흐느껴 우나, 후가 반겨하시지도, 박절하게 내치시지도 않으시어, 깊고 너른 물결 같은 기상이 전과 다름 없이 하시었다. 상궁이 대청에 올라가 아뢰기를,

"어제 대전께서 신첩 등을 불러보시고, '의복 금침과 반상이 있더냐.' 하옵시기에, 하나도 없는 줄로 아뢴즉, 대전께서 노하시며 말씀하시기를, '내가 한때 분한 마음으로 경거망동을 하였다 한들, 그 후에 먹고 살 수 없게 하였으니, 가히 게으르고 태만히 하였다 하리라.' 하시며, 즉각 준비하라 하시었나이다. 내수사가 아뢰기를, '옷과 이불은 지금 가져다 드려야 하지만, 반상은 금일 안으로 못 하리로소이다.' 하니, 대전께서, '능에 거둥*할 때 새로 만든 은반상을 올리라.' 하시고, 친히 보시고 보내시며, 비단이불을 보내심이 더디다고 하시면서 대전의 비단이불을 새로 해 온 것을 친히 보시고, 베개는 바꾸어 봉황이 수놓인 베개를 가져왔사옵니다. 하루에 의복을 짓삽는데, 치마빛이 무색하다고 진노하시어 내수사를 가두시고, 다른 남색 비단으로 바꾸어 급히 서둘러 지어 친히 보시고 보내셨사옵니다."

하고, 낱낱이 아뢰고, 은혜와 영광이 깊고 넓음을 말씀드리면서 감격의 눈물을 주르륵 흘렸다.

* 거둥 임금의 외출.

후는 듣지 않으시는 듯하더니, 잠깐 몸을 굽혀 말씀하시기를,

"천은이 망극하시니 어찌 감히 거역하리요마는, 대궐 안의 기물이라 감히 여염집에 둘 수 없고, 더구나 대전의 비단이불과 반상을 일시라도 사가에 두리요. 외람하여 감히 받들지 못할지라 도로 가져가라."

하시니, 상궁이 재삼 간청하였으되, 듣지 않으시고 들여보내시며,

"모든 일이 도리에 어긋나고 분수에 넘치니, 분수를 편안케 하소서."

하시었다.

상궁이 이에 할 수 없이 돌아와 그대로 아뢰니, 상감께서 예절을 지키려는 고집을 아름다이 여기시어, 다시 편지를 내리시어 후의 마음을 위로하시고, 나라의 체면으로 보아 그렇게 할 수 없음을 밝히시면서,

"이는 위를 원망하고 조롱하여 과인의 허물을 드러냄이라."

하시고, 도로 싸 보내시니, 후가 편지를 보시매 거역하지 못하게 하신 말씀인 줄 아시고 불안히 여기시어,

"봉한 채 두라."

하시며, 답서를 아니 하시었다. 그러자 형제와 숙질이 간절히 권하고 궁인들이 빌어 청하니, 할 수 없이 종이를 내다가 쓰시니, 대여섯 줄 되었다. 봉하여 상궁에게 주시니, 상궁이 돌아와 그대로 아뢰었다.

상감께서 반가이 받아 급히 보시니, 말씀이 온화하고 공손하여 무수히 처벌해 주시기를 청하는 내용이었다.

상감께서 처량하고 쓸쓸히 여기시며 감탄하시었다. 이튿날 이십삼일은 중궁전 탄일이어서 편지와 수라를 내리시고,

"각각 진상품을 올리는 일을 예전과 같이 하라."

하시니, 영광이 도로 예전처럼 가득해졌다.

인민이 기쁜 마음으로 복종하고, 민씨 일문이 감격하여 눈물을 흘리되, 후가 크게 불안히 여기시어,

"죄인이 어찌 진상품을 사가에서 받으리요."

하시고, 물리쳐 받지 않으시니, 상감께서 재삼 권유하시고, 조정이 다 와서 간청하나 마침내 받지 않으셨다. 그러자 한 나라의 신하와 백성이 모두들 그 거룩하게 처신하심을 흠모하고 칭송하여 마지않았다.

이 때, 어머님이 들어가시자, 후가 모시고 앉아 평상시와 같이 효성을 다하여 슬퍼하셨다. 일가 친척의 부인네 가마가 날마다 들어오니, 이 때 중사가 와서 숙직을 하고, 액정서에 소속해 있는 궁인이 호위하여 예절이 엄하고 사람들의 출입을 엄중히 단속하자, 후가 명하시어,

"들어오는 이를 막지 말라."

하시고, 비로소 친척을 반기시었다.

관상감에서 대궐로 들어갈 날짜를 정하여 올리니, 사월 이십칠일이었다. 상감께서 명관 중사를 보내시어 입궐하실 날짜를 전하게 하시니, 후가 몹시 놀라시면서 사양하여 말씀하시기를,

"상감 마마의 은혜가 망극하여 하늘과 해를 다시 보고, 부모와 동생을 만나 친척들과 정다운 이야기를 나누며 즐거워하는 것도 감격스럽거늘, 어찌 대궐 안으로 들어가 상감의 용안을 뵈리요."

굳이 사양하시고 예물을 받지 않으시니, 상감께서 엄한 분부를 민씨 집안에 내리시고, 대신과 중신을 문 밖에 가서 입궐하시도록 말씀드리게 하며, 하루에 사오 차씩 어찰을 내리시니, 후가 그윽이 성품이 어질고 재주가 뛰어나심을 예측하시어 더 이상 뜻을 내세우지 못할 줄 아시고, 마음 속으로 탄식하시고 마지못하여 예복을 입으시고 대궐로 들어가실 채비를 차리셨다.

황금으로 채색된 가마를 메고 와서 대령하자 물리치시고,

"평교자(뚜껑 없는, 의자 비슷한 작은 가마)를 달라."

하시나, 모든 일가 친척들이 권하자 그제야 마지못하여 연에 들어가 앉으시었다. 갖가지 위의가 큰길을 뒤덮고 있는데, 일곱 가지 보석으로 붉게 단장한 시녀가 쌍쌍이 앞에 늘어서 있고, 각 군문의 대장이 임금

을 수비하는 군대 수천을 거느리고 호위하며, 대신과 중신으로 하여금 시위하게 하여 입궐하시었다. 날씨가 화창하여 봄바람이 산들산들 불어 오고, 상서로운 구름이 하늘에 둥둥 떠 있는데, 장안의 백성은 구경하러 나와 길을 메우고 있었다.

한편, 옛일을 생각하고 눈물을 흘리기도 하고, 재상과 명사의 부인들은 임시 거처하는 집을 잡고 굿을 보느라고 틈이 없을 지경이었다. 지난날 가례하실 때보다도 더 화려하고 웅장하였다. 지난날 흰 보를 덮고 나오실 때 궁인과 선비가 통곡하며 따르던 일을 생각해 보니, 어찌 오늘 같은 일이 있을 줄을 알았으리요. 이것은 오로지 민 후의 원통하고 억울하심과 덕행을 하느님이 아름다이 여기시어 감동하신 탓이다. 여러 부인네는 혹은 기뻐하고 혹은 슬퍼하며 혹은 울기도 하고 혹은 웃기도 하였다.

상감께서는 후의 거처하실 방에 온갖 세간을 갖춰 놓게 하고, 이 날 아침부터 뒤채를 거니시면서 중궁전 안에 갖춰 놓은 것을 친히 살펴보시었다. 입궐하실 때에는 친히 높은 누상에 오르시어 만민의 즐거워하는 광경을 보시고 흔연히 기뻐하시고, 가마가 궐문에 들어와 상감이 거처하는 궁전 앞에 모시니, 상감께서 어명을 내리시어,

"난간 아래에 모셔라."

하시니, 궁녀가 연 앞으로 나아가서 대전께서 나와 계심을 아뢴즉 후가 말씀하시기를,

"죄인이 무슨 면목으로 전하를 뵈오리요."

하시고, 가마의 문에 나오지 않으시니, 상감께서 친히 덩문을 열어 주렴*을 걷으시고, 쥐고 계시던 부채로 덩 속의 바람을 부쳐 내시고 물러서시었다. 후가 성은을 망극히 여기시어 덩에서 내려오시어 난간에 엎

* 주렴(珠簾) 구슬을 꿰어 만든 발.

드려 청죄하시니, 상감께서 마음이 불안하여 궁녀에게,

"붙들어 모시어 대궐 안으로 드시게 하라."

하고 명하시었다. 궁녀가 일시에 붙들어 모시는데, 감히 방석에 앉지 않으시고, 또 엎드리시어 옛날과 이제를 생각하시매, 기쁨과 슬픔이 뒤얽혀 서려서 수려한 눈썹에 슬픈 안개가 일어나고, 샛별 같은 광채가 어린 두 눈에서는 눈물이 맺히셨다. 안색에 외롭고 구슬픈 빛이 어리고, 슬프게 원망하는 기상이 나타나시니, 상감께서는 한편으로 반가이 맞으시고 한편으로 옛일을 생각하시어 감창하심을 이기지 못하시니, 좌우가 감히 우러러뵙지 못하였다.

이 때, 세자의 나이가 칠 세였는데, 장성하여 어른 같았다. 이에, 들어와서 후께 절을 네 번하고 무릎 위에 앉으니, 후가 그 숙성함을 아름답게 여기시면서도 매우 비창하여 손을 어루만지고 흐느끼면서 탄식하실 따름이었다.

상감께서는 자리를 가까이하시어 지난날의 일을 뉘우치시고, 지금의 처지를 위로하시는 말씀이 다정하고 진실하여 돌이라도 녹일 듯하시었다. 그러나 후가 감히 그런 말씀은 들을 수 없다고 하시면서 조금도 소홀함이 없으시어 한결같이 유순하고 얌전하시니, 상감께서 더욱더 존경하는 마음이 우러나고, 옆에 있는 사람들이 다 같이 감탄하였다.

후께서 대궐 안으로 들어가셨으나, 마음이 불안하여 아무것도 잡숫지 않으므로, 상궁이 염려하여 수라를 재촉하여 올렸다. 상감께서는 잡수시고 후는 잡숫지 않으시는데, 상궁더러 잡수시더냐고 물으시니 대답하기를,

"낭랑이 평소에 기력이 불안하셨사온데, 어명을 내리신 후로는 잡수신 일이 없나이다."

상감께서 놀라시고 친히 수저를 들어 권하시니, 후가 성은을 감사히 여겨 마지못하여 받으시고 두어 번 잡수시나 기력을 어찌 수습하리요.

이 무렵에 희빈이 오랫동안 왕비 자리를 차지하고 천만세나 누릴 줄 알았으나, 홀연히 상감의 마음이 하루 아침에 변하시어 나라의 옥사를 뒤집고 폐비께 어명을 내리시어 그 날로 복위시켜 대궐에 들어오셨다는 말을 듣고, 청천 벽력이 한 몸을 부스러뜨리는 듯, 높은 얼음 낭떠러지에서 떨어진 듯, 일천 잔나비가 가슴 속에서 뛰노니, 스스로 큰 분노가 일어남을 이기지 못하여, 시녀에게 전하여 말하기를,

"내가 오히려 왕비 자리에 앉아 있거늘, 폐비가 어찌 문안하지 않느뇨? 크게 실례하고 방자함이 심하도다."

하였다.

궁녀가 이 말을 전하자, 후께서 어이없어 못 들은 체하시어 말씀이 태연하시고 안색이 맑고 깨끗하시어 아무런 대답이 없으셨다.

상감께서는 후와 함께 앉아 계시다가, 후의 기색을 살피시고, 전날 어리석고 사리에 어두워 과실을 범했음을 부끄러워하시었다.

장씨의 방자함을 통탄하시어, 즉시 외전에 나오시어 어명을 내리시었다. 이어서 후를 복위시키시고, 민 부원군의 관작을 회복시키며, 후의 삼촌 좌의정이 벽동(평안 북도 벽동군의 한 면)의 귀양지에서 죽었으므로 관작을 추증해 주시고, 그 자손을 옛 벼슬을 주어 부르시었다.

장씨의 아비는 삭탈 관직하시고, 빈의 옥책(송덕문이 새겨진 대쪽)을 내팽개치시며,

"장희재를 제주로 귀양 보내라!"

하시고, 내시에게 전교하시기를,

"빈을 조당으로 내리고, 큰 전각을 수리하라."

하시니, 궁인과 중사가 상감의 전지를 전하고,

"바삐 내리라."

하였다.

장씨는 심히 노하여 큰 소리를 지르고 꾸짖어 말하기를,

"내가 만민의 어미요 세자가 있거늘, 차마 너희가 무례하게 하리요. 내가 부득이 폐비의 절을 받고 말리라."

하고, 악독함을 이기지 못하여 세자를 무수히 난타하였다.

상감께서 들으시고 크게 노하시어 친히 가시니, 바야흐로 장씨가 밥상을 받고 있는 중이었는데, 상감을 뵙고 악독한 심보가 요동하여 얼굴이 푸르락불그락하며 말하기를,

"내가 왕비의 자리에 있거늘 어찌 폐비의 문안을 시키지 않으며, 나를 무슨 죄로 아랫채에 내리라 하시나이까?"

상감께서 진노하시어 말씀하시기를,

"어찌 감히 문안을 받으며, 또 어찌 왕비 자리를 길게 누리리요?"

하시자, 장씨는 문득 밥상을 박차고 발악하여 말하기를,

"세자가 있으니, 내 어찌 왕비 자리를 못 가지리요. 기어이 민씨의 절을 받고 나가리라."

하고, 밥상을 뒤엎어 산산이 방 안에 흩어지게 하였다. 좌우가 그 악독한 간담을 보고 어이없어하고, 상감께서는 심히 해괴하게 여기고 몹시 놀라시어, 장씨를 끌어내라 호령하시었다.

궁중이 모두 분하게 여기고 있던 판에 상감의 뜻을 확인하고 황급히 달려들어 업고 총총히 당에 내려 아랫채로 가니, 장씨는 발악하면서 중궁을 마구 욕하고 꾸짖음을 마지않았다.

상감께서는 즉각 내쫓고 싶었으나, 세자의 낯을 보아 내버려 두시었다. 다시 길일을 택하여 예의를 갖추어 후를 청하여 왕비 자리에 오르게 하니, 법도가 숙연하고 광채가 찬란하여 전보다도 배나 더 빛나셨다. 상감의 용안에는 기쁜 빛이 가득하셨다. 후를 붙들어 탑에 올라 함께 자리를 잡아 앉으셨다. 비빈과 궁녀의 축하 인사를 받으시고, 이어서 조정의 신하들이 새로이 축하를 해 드렸다.

대장 공주와 명안 공주가 축하하러 와서 한편으로는 기뻐하고 한편

으로는 슬퍼하였다. 이렇게 된 것은 모두가 성상의 은덕이요, 중전의 성덕이라고 칭송하여 즐기면서 천은을 감축할 뿐이었다. 육 년 고초를 말하지 않고, 성상의 총명하신 덕택을 칭송하면서 사오 일 묵었다. 상감께서는 각별히 명하시어 궁중에서 잔치를 벌여, 공주의 친척을 불러 모아 즐기게 하시니, 중전이 입궐하신 후로 화기가 더욱더 가득하였다.

상감께서는 성품이 엄하시고 임금으로서의 위풍이 엄연하시어 말씀이 적으셨다. 그윽이 살피시고 고집하시어, 궁에서 쫓겨 나가실 때 방자하고 박대하던 궁인을 모두 먼 곳으로 귀양 보내시고, 따라간 궁인은 벼슬을 높이고 녹을 후히 주어 한평생을 한가로이 지낼 수 있게 해 주시니, 모든 궁녀가 도리어 부러워하였다.

폐비하실 때 잘못을 고치라고 다투면서 간절히 간하던 신하를 귀양 간 곳에서 역마로 불러들여 높은 벼슬을 주시고, 죽은 사람은 충절을 생각하시어 눈물을 흘리시면서 제사를 지내게 하시었고 서원(선비들이 학문을 강론하거나 어진 신하를 제사하던 집)을 지어 봄과 가을에 제사를 지내게 하시었다. 그렇게 함으로써 그들의 충절을 칭찬하고 장려하시어 후세에 이름을 빛나게 하시었다. 그들의 자손에게는 벼슬을 올려 주시고, 봉급을 주시어 부모와 처자를 살게 해 주시고, 손수 쓰신 글로써 그 가문을 위로하시니, 은혜가 영광스러운지라, 조정의 신하와 민간의 백성이 감축하며 기쁜 마음으로 복종하였다.

희빈의 간악 방자함을 심히 분하게 여기시되, 세자를 보아 희빈을 높여 받들고, 무릇 진상하는 모든 절차를 왕후 다음으로 하시며, 궐내의 영숙궁(창경궁 춘당대 후원에 있던 궁) 취선당(창경궁 안에 있던, 경종이 태어난 곳)에 거처하게 하시었다.

은혜와 영광이 자못 넓으시므로 뱀, 전갈, 승냥이, 이리일지라도 제 죄를 짐작하고 지극히 감격해야 함에도 불구하고, 장씨는 외람되이 왕비 자리에 앉아 있어 한 나라가 높이 받들고 상감의 총애가 온전하다가, 하루 아침에 폐출당하여 희빈으로 내려앉게 되니, 원망하고 분노하여 남을 해치려는 마음이 크게 일어났다.

원망하는 마음이 오로지 중전에게 돌아가니, 불손한 언사와 도리에 어그러진 흉심이 불이 일어나듯 하였다. 그리하여 세자를 볼 때마다 심하게 때려 마침내 병이 들었다. 상감께서 크게 노하시어 세자를 영숙궁에 못 가게 하시고 정전에서 놀게 하시었는데, 후가 심히 사랑하시니 상감께서는 크게 염려하지 않으셨다.

장씨는 세자가 있다 하여 세도를 부리다가 세자도 못 보게 되고, 대전의 자취는 아주 끊어져 버렸으며, 아무도 불쌍히 여겨 찾아와 보는 이가 없으니, 형세가 고단하기는 민 후가 당한 것보다도 더 심하였다.

슬프다, 착한 사람에게는 복이 돌아오고, 악한 사람에게는 재앙이 닥친다는 말이 분명하니, 하늘이 높으시나 낮추어 들으시기 때문이다. 중궁은 폐출당하셨으되, 나라 안의 모든 백성이 실망하고 원망하여 도리어 몸이 괴롭기는 하나 이름이 빛나셨는데, 장씨는 폐출당하자 만민이 다 좋다 하며 궁중 사람들이 모두 다 상쾌하게 여겨 코웃음을 치니, 더욱더 분하고 부끄러워, 원망하는 악담이 공공연히 중궁께 돌아갔다.

앞뒤 동산을 이리저리 서성거리고 다니면서 귀를 기울여 들은즉, 중궁전 편전의 앞문에서 즐기는 소리와 번화하게 경사를 지내는 소리가 들려 와서 간담이 벌어지는 듯하였다. 밖으로 조정에서 나오는 소문을 들으니, 민씨의 집안 사람들은 이름이 뚜렷이 빛나고 임금이 총애하시어 예우를 하시며, 세상이 다 축복하되, 제 오라비 희재는 제주도로 귀양 가서 죄인이 되어도 불쌍하다고 하는 사람은 없으니, 보고 듣는 것이 모두 분통이 터질 일이었다.

평생 탐욕과 포악한 마음으로 긁어 모은 보물을 흩어 궁인을 매수한 다음, 독약을 구하여 중궁 수라에 넣으라 하였다. 그러나 후께서 짐작하시고 궁인을 단단히 타일러 경계하여 아침 저녁의 수라를 심복 나인에게 시키시어 다시는 변고가 없고 난동이 일어나지 못하게 하시었다. 궁중이 다 교화에 심복하여 흉한 일을 저지를 사람이 없었다.

장씨는 하릴없이 후께 재앙이 내리게 하는 짓인 방자와 저주를 무수히 하여 음모와 계략을 미치지 않은 곳이 없게 하였다. 슬프다, 장씨가 공순히 있었더라면 세자의 당당한 세력이 있고, 중궁의 성덕을 의지하면 천심도 감응하시어 영화가 무궁할 것이었다. 그런데 만족한 줄 모르고 스스로 재앙이 될 일을 꾸며 내어 큰 반역을 꾀하여 필경에는 자기 몸에 앙화가 미쳤으니, 어찌 두렵지 않으리요.

이 때, 흉년이 들자 상감과 후가 염려하시어 상감이 나와서 조회를 하시던 궁정인 정전을 폐하시고, 수라를 절반으로 줄이셨다. 그뿐만 아니라, 어명을 내리시어 굶주리는 백성을 살려 낼 방책을 강구하게 하시고, 씀씀이를 알맞게 아끼시며, 정성을 지극하게 들이시니, 백성이 감동하지 않는 이가 없었다.

병자년(숙종 22년)에 세자의 나이가 아홉 살이었다. 성년이 되시었으므로 상투를 틀고 갓을 쓰게 하시고, 세자빈을 간택하여 상감과 후께서 친히 보시고 뽑으시니, 청송 심호의 따님이었다.

혼인식을 거행할 때 세자빈을 책봉하시니, 나이는 열두 살이었다. 덕성이 아름다워서 상감과 후께서 크게 사랑하시어 조정의 나라일을 보시고 나면 밤낮으로 내전에서 부드러운 말로 한가로이 이야기를 하시고, 세자빈과 세자를 앞에 두시어 재미를 보시었다.

이 때, 영조의 생모인 숙인 최씨가 왕자를 낳아 세 살이었다. 기상이 비범하므로 상감과 후께서 사랑하시어 밤낮으로 귀여워하시기를 친자식같이 하셨다.

또, 숙의 김씨는 마침내 자식이 없으니 불쌍히 여기시어 각별히 은혜를 베풀어 도와 주시니, 궁중에는 화기가 가득하여 악한 자가 없었다.

오직 장씨의 심사만은 전과 같아서 조금도 고치는 일이 없었다. 요망한 무당과, 점술 등에 정통한 술사를 얻어 밤이나 낮이나 머리를 맞대고 음모를 꾸미었다. 그러더니 영숙궁 서쪽에 신령을 모셔 놓은 신당을 차려 놓고, 여러 가지 색깔의 비단으로 흉악한 귀신을 만들어 앉힌 다음, 후의 성씨와 생년일시를 적어 놓고 망하기를 빌었다.

또, 얼굴 그림을 걸어 놓고 궁녀로 하여금 활로 날마다 세 번씩 쏘게 하였다. 그 종이가 헤어지면 비단옷으로 염습하여, 중전 신체라 하여 못가에 묻었다. 이렇게 한 지 삼 년이 지났건만 후의 몸이 반석 같으시니, 원망하는 마음이 가득하였다.

장희재의 첩 숙정은 기생 출신인데, 요사스럽고 간악한 재주가 많아, 본부인을 죽이고 정처가 되었다. 장씨가 그 여자를 청하여 의논하니, 참으로 유유 상종이었다. 숙정은 흉악하기 짝이 없는 저주를 다하였다. 흉한 해골을 얻어다가 오색 비단으로 못된 귀신을 만들어, 밤중에 정궁 북쪽 섬돌 아래에 묻고, 또 비단으로 중전의 의복 한 벌을 지어, 해골 가루를 만들어 솜에 뿌려 두었으니, 누가 그 흉모를 알 것인가?

거짓 공손한 체하느라고 편지를 써서 그 옷을 중전께 드리니, 중전은 그 정성이 고맙다고는 했지만 받지는 않으셨다. 장씨는 분노하여 다시 편지를 드렸으나 받지 않으시자, 날마다 신당 축원과 요술 방정을 천만 가지로 하기를 그칠 적이 없었다.

액운이 불행한 시절을 당하여 요악한 귀신의 재앙이 침노하니, 경진년(숙종 26년) 가을에 홀연히 병환이 드셨는데, 각별히 위중하시지도 않은데 이따금 열이 나고, 밤중에는 뼈마디가 쑤시다가 도로 평상시와 같아질 때도 있고 하여 더했다 덜했다 하는 것이었다.

궁중 사람들이 크게 근심하고, 상감께서 염려하시어, 민 공을 내전으로 부르시어 합병증에 대해 말씀하시고, 의약 치료를 극진히 하시었으나 조금도 효험이 없었다. 겨울이 지나고 이듬해가 되니, 후의 백설 같은 피부가 들뜨더니 수시로 누른 진이 엉기었다 없어졌다 하시었다.

상감께서는 여러 해 동안 고생하느라고 원기가 떨어져 고질이 되신 병인가 싶어 더욱더 뉘우치고 애달프게 여기시었다. 후의 기상이 너무나 빼어나시니, 행여나 단명하실까 염려하시어 용안을 능히 펴지 못하시니, 후께서 불안하게 여기시어 노상 아픈 것을 참고 억지로 몸을 움직이셨다. 장씨는, 후가 이러한 상태에 계심을 알고 다행하게 여겨 흉악한 짓을 더하였다.

사월 이십삼일은 후의 탄일이었다. 상감께서는 어명을 내려 큰 잔치를 벌이게 하고, 민씨 일가 부인네를 모아 즐거이 놀게 하시니, 이것은 중전의 병환이 더했다 덜했다 하므로 여한이나 없게 하기 위해서였다.

후께서 불안하여 재삼 사양하셨으나 상감께서 고집하시니, 천은이 망극하여 황송하고 감격스러운 데다가 세자의 효성을 막지 못하시어 여러 날 동안 잔치를 벌였다. 양 전하께서 세자와 빈의 효성을 기뻐하시고 민씨 부인네를 청하시었다. 민씨 집안에서는 대궐 안으로 출입하는 것을 외람되이 여기었지만, 후께서 병환이 차도가 없으시고 상감의 은혜가 각별하심을 감축하여 모두들 들어와서 상감께 인사를 드리고, 후의 은은하신 병색을 뵈옵고 근심하였다.

후께서 근심스럽고 슬프게 눈물을 흘리면서 말씀하시기를,

"내가 재주 없고 덕이 없는 몸으로서 성상의 무거운 은혜를 입사와 갚사올 길이 없는데, 근래에는 마음이 황홀하고 정신이 아득하여 구름 속에 있는 사람 같사옵니다. 의심하건대, 이승의 생이 오래 가지 않으리라. 위로 성상께 심려를 끼치고, 아래로 동생이나 자매하고는 연락하기가 다시는 쉽지 않을 듯싶으니, 원컨대 여러 자매는 자녀를 가르쳐 덕을 쌓고 복을 닦아 이 후로 자손까지 영화가 있게 하소서."

말씀을 마치고 나서 목메어 우시니, 궁중이 홀연히 후의 슬퍼하고 근심하시는 말씀을 듣고 놀라면서 의심하여 눈물이 물 흐르듯 하고, 본가댁 부인네의 심사가 요동하여 눈물이 쏟아지되 억지로 참고 위로하여

말씀하시기를,

“춘추가 아직 젊고 한때의 병환이므로 곧 회복되실 텐데, 어찌 이런 말씀을 하시나이까?”

하였다. 하직 인사를 하고 나올 때, 후는 맥없이 탄식하시고, 부인네는 교자를 타러 나가면서 소리 없이 흐느끼며 나왔다.

이 때, 공주와 비빈 들이 의복을 마련하여 올리되 후가 일체 받지 않으셨으나, 공주 등이 간청하기에 그 정성을 물리치지 못하여 받으셨다. 또한 장빈의 옷도 받지 않고 물리치시자, 세자가 모시고 있다가 권하니, 후가 세자의 간절한 효성과 체면을 보아 부득이 받으셨다.

슬프다, 간교한 사람의 화가 이토록 심할 줄을 누가 알며, 세자도 털끝만큼이라도 아는 것이 있었다면, 친어머니의 허물을 감추기는 할망정, 어찌 권하여 받으시게 하였으리요.

비록 장빈의 몸에서 탄생하기는 하였으나 온전한 자애는 중궁에게서 받았으므로 친어머니보다도 못지않은 정이 있었다. 다른 후빈들은 내전에 드나들면서 화기와 은혜를 온전히 누리되, 장씨 친어머니는 스스로 지어서 받는 재앙으로 용납되지 못하니, 모자 간이라도 이간질하는 말이 유익함이 없어서 평생에 서로 얼굴을 대면할 체면이 없었다. 세자는 어미가 행여나 후께 공순하신가 하여 권하여 드렸는데, 그것이 한평생의 원한이 되고 말았다.

장씨가 해 온 옷을 후가 입지 않으시나, 내전 안에 있으므로 귀신의 재앙이 밖으로 침노하고, 또 방 안에서 살기가 활개를 치니, 이 해 오월에 병환이 더욱더 침중하시어 병석에서 일어나지 못하셨다.

대전께서 크게 근심하고 번민하시어, 후의 형 민 판서 형제에게 명하여 친히 의약을 살피게 하며, 후를 곁에서 모시게 하니, 민 판서 형제가 약을 잡고 후를 모시고 지성으로 하니, 후가 보실 때마다 슬퍼하시고 눈물을 흘리시면서 아우와 조카를 경계하여 말씀하시기를,

"너희가 벼슬이 높고 이름이 높아짐을 근심하나니, 직업을 똑똑히 살피고 행동을 극진히 하여 돌아가신 아버님의 맑고 조촐한 덕을 떨어버리지 말고 몸을 안전하게 보전하는 일에 힘쓰고 충의를 본받으라."
하시며, 병환 중이나 하도 떠나기 어려워하시었다.

민 공 형제는 근심스럽고 슬퍼서 눈물을 흘리면서 지성으로 시탕을 하였다. 의원은 밖에서 기다리고 있으면서 백 가지로 다스리되, 털끝만큼도 효험이 없고, 점점 더 침중하셨다.

이것은 몸 안에서 솟아난 병환이 아니라, 정신병이 왕성하고 저주의 독이 침노해 그런 것인데, 어찌 온갖 풀로 만들어진 약으로 막아 낼 수 있으리요. 낮이면 정신이 계시다가도 밤이면 더욱더 위중해지시어 헛소리를 무수히 하시니, 위중한 증세가 괴이하나, 능히 깨닫지 못하니, 이것도 또한 후의 운수가 사나워 불행하신 까닭이다.

칠월에 합병증을 얻어 위중하심이 아침저녁에 계신지라, 온 나라가 진동하고 궁중이 망극하여 천신께 빌고 북두칠성에 제사를 지내어 세자가 친림하시며 정성이 미치지 않은 곳이 없으되, 날이 갈수록 더 위중해지셨다.

상감께서는 침식을 폐하시고 근심하시어 용안이 초췌하시니, 후가 정신이 흐리멍덩하여 어지러운 중에도 지나치게 염려하시어, 그러지 마시라고 말씀하셨다. 후가 스스로 회복하지 못할 줄 아시고, 의녀를 물리치시고 의약을 내오지 못하게 하시니, 상감께서 들으시고 놀라 들어오시어 약을 친히 권하시면서,

"중병에 약을 끊으면 차도가 없으리니, 억지로라도 약을 드시어 속히 회복되어 과인의 바라는 바를 저버리지 마시오."
하셨다.

후가 가까스로 정신을 차려 말씀하시기를,

"첩의 나이가 젊고 영화가 지극한데, 어찌 죽고자 하리요마는, 한 달

남짓 아픔이 아주 심하니, 어서 죽어 모르느니만 못하나이다. 약을 써도 조금도 나음이 없고 오장이 더 아프니, 전하의 염려하시는 바를 저버리지 못하여 억지로 먹사오나 첩은 반드시 오래 가지 않을 것이므로 먹고 괴로운 것을 권하지 마소서."

하셨다.

상감께서 들으시고 뉘우쳐 눈물을 흘리시면서 슬프게 말씀하시기를,

"후가 어찌 이런 불길한 말을 하여 과인의 심사를 요동하게 하시오? 만일 몹시 괴롭거든 며칠만 끊어 심사를 평안히 하여 조리하시오."

하시고, 친히 미음을 권하시며 병석에서 떠나지 않으시더니, 과연 약을 끊은 후로 조금 병세가 덜하신 듯하므로 궁중이 잠깐 다행하게 여겼다.

하루는, 미음을 몇 차례 잡수시더니 좌우 시탕하는 궁녀를 돌아보시고 말씀하시기를,

"내, 이제는 살지 못할 것이니, 너희들의 정성을 무엇으로 갚으리요. 너희들은 내 삼년상을 마친 후에 각각 집으로 돌아가 부모 동생을 돌보고 인륜을 갖추어 살아 있다가 훗날 죽어서 저승에서 다시 만나기를 기약하리라."

후가 이런 말씀을 하시자, 좌우에 있는 사람들이 듣고 망극하여 얼굴을 가리고 흐느껴 우느라고 아무 대답도 못 하였다. 후가 명하시어 전각을 청소하게 하시고, 향을 피우게 한 다음, 궁인의 부축을 받아 세수를 깨끗이 하시었다. 그리고 새 옷을 입으시고, 궁녀로 하여금 대전을 모셔오라 하셨다.

상감께서 들어오시자, 후가 옷매무시를 하시고 좌우로 부축을 받아 앉아 계시는데, 궁인들이 모두 다 망극해하며 슬픈 빛을 띠고 있었다. 상감께서 당황하시어 후에게 가까이 다가앉으시고,

"어찌 이렇듯 몸조리를 않으시오?"

후가 문득 눈물을 흘리면서 말씀하시기를,

"신이 왕비 자리에 있으면서 성상의 깊은 은혜를 입음이 극진하니, 한할 바는 없사옵니다. 다만 슬하에 혈육이 없어 외롭고, 성상의 큰 은혜를 만분의 일도 갚지 못하옵고, 도리어 상감의 마음을 불안하게 하오며, 오늘 죽어서 영원히 이별을 하오니, 저승에 가더라도 눈을 감지 못하리니, 엎드려 원하옵건대, 성상께서는 팔자가 기박한 첩을 생각지 마시고 백세토록 평안하소서."

하셨다.

상감께서 크게 슬퍼하시고 눈물을 흘리면서 말씀하시기를,

"후가 어찌 이런 불길한 말씀을 하시느뇨."

하시고, 말씀을 하지 못하시어 소매가 젖으니, 후가 정신이 어지러운 중에도 어찌 상감의 슬퍼하심을 모르시리요. 눈물을 흘려 한숨지으시고 말씀하시기를,

"성상께서는 옥체를 보중하시어 돌아가는 마음을 편하게 하소서."

세자와 왕자를 앞에 앉히시고 어루만지시며, 후궁과 비빈을 나오라 하시어 말씀하시기를,

"내 운명이 사나워서 육 년 고초를 겪고, 다시 성은이 망극하사 왕비 자리 올라 세자와 왕자의 충효로 남은 일생을 마칠까 하였더니, 오늘날 돌아가니, 어찌 운명이 기박하지 않으리요. 그대들은 나의 기박한 운명을 본받지 말고 성상을 모시고 건강하게 오래오래 살아라."

연잉군(훗날의 영조)이 이 때 여덟 살이었는데, 후께서 그 손을 잡고 슬퍼하면서 말씀하시기를,

"이 아이가 영특하여 내가 지극히 사랑하였는데, 그 장성함을 못 보니 한이라."

하시고, 비빈을 치우고 민 공 형제와 조카를 불러들여 보시고 오열 비창하신 심사를 참지 못하시니, 민 공 형제들이 엎드려 목메어 우느라고 말을 못 하였다.

상감께서 그 모양을 보시고는 마음이 막히고 무너지는 듯하시어 차마 보시지 못하시었다. 상감께서 미음을 들고 친히 권하시자, 후가 흐느끼면서 탄식하시고, 두어 번 마시었다.

상감께서 친히 받들어 베개를 바로 하여 뉘시자, 이윽고 창경궁의 정전인 경춘전에서 승하하시니, 신사년(숙종 27년) 팔월 십사일 사시*요, 복위되신 지 팔 년이며, 춘추는 삼십오 세시었다.

궁중에 곡하는 소리가 진동하여 귀신이 다 우는 듯하고, 궁녀가 다 같이 머리를 부딪쳐 엉엉 울면서 따르고자 하거늘, 하물며 상감의 지나치게 슬퍼하심이야 말할 것이 있으리요! 땅을 두드리며 소리 내어 크게 우시니, 눈물이 비 오듯 하여 용포가 젖으니, 궁중이 차마 우러러뵙지 못하였다. 조정과 사대부와 서인의 슬퍼함이 부모 친상을 당한 것보다도 더하니, 후의 아름다운 덕행이 아니면 어찌 이토록 하리요. 예로써 시체를 널 속에 넣고 상복을 입은 후, 하루에 네 번 지내는 제사에 친히 왕림하시어 곡을 하시고 절을 하시며 애통해하심이 날로 더하시니, 궁중이 다 근심하였다.

구월 초나흗날, 상감께서 나오시어 친히 제사를 지내실 때, 제문을 지어 예관으로 하여금 읽게 하시니, 제문의 내용은 대강 다음과 같은 것이었다.

아무 해 아무 달 아무 날에 국왕은 변변치 못한 제전으로 돌아가신 왕비 민씨의 영전에 고하나이다.

슬프도다! 어진 왕후가 돌아가신 것이 참말이냐 거짓말이냐. 달이 가고 날이 바뀌되 과인이 정신이 어둡고 어지러워 능히 깨닫지 못하니, 속절없이 하늘의 운수가 막막하고, 음성과 용모가 문득 끊어지고

* 사시(巳時) 오전 9시부터 11시까지의 사이.

사라져 버렸으니, 그 돌아가심이 분명한지라. 옛 사람이 부부의 짝을 잃은 슬픔과 아내를 잃은 슬픔을 일컬었으나, 과인의 지극한 슬픔과 한은 고금에 비겨 비슷할 자가 없도다.

슬프도다! 어진 후는 명문 출생으로 형의 교훈을 받았도다. 빼어난 재질과 아름다운 성품과 행실은 극진치 않은 곳이 없으되, 운수가 불행하고 과인이 밝지 못하여 이왕의 육 년 왕비 자리에서 물러나게 한 것은 어찌 차마 이르리요. 위태한 시절에 처신하기를 평안히 하시고, 어지러운 때에 덕행을 평정히 하여 과인의 과실을 많이 감춤은 다 어진 후의 성덕이라.

꽃다운 효행과 법도를 지키는 덕이 궁중에 가득하니, 한가로이 태평을 같이 누릴까 하였더니, 푸른 하늘이 어찌 어진 후를 빼앗아 감을 급히 하사 과인으로 하여금 다시 바랄 바가 없게 하시나뇨.

슬프도다! 어진 후는 평안히 돌아가니 만세를 잊었거니와, 과인은 긴 세상에 슬픔을 어찌 견디리요. 오호라! 어진 후의 맑은 자태와 성품으로 한 점 혈육이 없고, 어진 성덕으로 장수를 누리지 못하시니, 천도가 너무 무심하도다. 이는 반드시 과인의 덕을 잃고 복이 없음을 하늘이 미워하사 과인으로 하여금 무궁한 한이 되게 하시는도다.

통명전을 바라보매, 어진 후의 덕성스러운 음성과 거룩한 모습을 듣고 볼 듯하되, 이제 깊이 막힘이 몇천 리인고. 과인이 중간에 덕을 잃음이 없이 지금까지 무고하시다가 돌아가셔도 오히려 슬프다 하려든 하물며 과인의 허물로 육 년 고초를 겪었음을 생각하니, 탄식하며 몹시 놀라는 한이 미친 듯, 취한 듯하도다. 제문이 장황하여 지리하매 그치노라.

읽기를 마치자 목을 놓아 큰 소리로 우시니, 곡하시는 소리와 눈물이 사람으로 하여금 더욱더 사모하고 슬프게 하여, 좌우의 신하들이 모두 다 흐느껴 울고, 감히 우러러뵙지 못하였다.

후의 시호를 인현 왕후라 하시고, 능의 이름을 명릉이라 하시니, 고양이었다. 능 앞의 전각 이름은 경연전이라 짓고, 대신에게 명하시어,

"능을 만드는 일을 지성으로 감찰하라."

하시고, 능묘 윗전을 비워,

"훗날 내가 죽거든 이 자리에 장사 지내라."

하시고, 섣달 초파일로 장례 날짜를 잡으셨다.

슬프도다! 사람의 수명의 길고 짧음은 사람의 힘으로 어찌하지 못하나, 후의 현철하신 성덕으로 마침내 자식이 없으시고 명이 짧으시며, 더구나 간악한 여자의 참화를 입으시니, 어찌 하늘의 도가 순환하지 않으리요. 어진 사람도 복을 누리기가 어렵거든 하물며 악인이야 평생을 온전하게 살 수 있으리요.

한편 장 희빈은 후가 병환으로 누워 계실 때 두어 번 뵈러 온 후에는 몸이 아프다는 핑계로 문병하지 않으니, 후가 그 간교하고 속이기를 잘하는 심성을 고치지 못할 줄 아시고, 알면서도 모르는 체하시었다.

장씨는 후를 중궁이라 하지 않고 민씨라 하며, 날마다 무녀와 술사를 데리고 축원하더니, 마침내 승하하시자, 크게 기뻐하고 크게 즐거워하여 의기 양양했다.

신당을 즉시 없앨 것이로되, 여러 해를 위하였으니, 갑자기 없애면 세자와 빈에게 해롭다 하고, 무녀와 술사 들이 상의하여 구월 초칠일날 굿을 하고 파하려고 그대로 두었더니, 이것도 사람의 힘으로는 마음대로 못 하는 것이니 어찌하리요.

이 때, 상감께서는 왕비를 생각하시고 모든 후궁을 찾지 않으셨다. 아침 저녁으로 애통해하시어 얼굴이 많이 수척해지시자, 여러 신하가 좋은 말로 권하자, 상감께서 기운 없이 말씀하시기를,

"과인이 부부의 정 때문에 슬퍼하는 것이 아니라, 그 덕을 생각하고

지난날의 일을 잊지 못하노라."

하시니, 여러 신하가 다 북받쳐서 슬퍼하였다.

구월 초칠일이 돌아오자, 가을 기운이 선선하고 초승달이 희미한데, 심사가 더욱더 처량하시어 촛불을 밝히고 용루를 내려오시다가 등을 기대는 방석에 의지하여 잠깐 조시는데, 꿈인지 생시인지 어렴풋한 상태에 죽은 내관이 앞에 와서 아뢰기를,

"궁중에 요사스런 기운과 간악한 귀신의 재앙이 왕성하여 중궁이 참화를 당하시고, 앞으로도 큰 화가 불 일어나듯 할 것이오니, 엎드려 원하옵건대 성상께서는 살피소서."

하며, 손을 들어 취선당을 가리키고, 상감을 인도하여 모시고 한 곳에 가니, 후의 혼전이었다. 혼전 위에서 중궁이 시녀를 거느리고 앉아 계시되 안색이 참담한 채 슬피 우시면서 상감께 말씀하시기를,

"첩의 수명이 비록 짧으나 독한 병에 잠겨 죽지 않을 것이로되, 장녀가 천백 가지로 저주와 방자를 하여 간악한 귀신의 해를 입어 제 수명대로 살지 못하고 죽었사오니, 이는 장녀로 더불어 한 하늘 아래에서 같이 살 수 없는 원수이옵나이다. 원통한 혼이 구름 사이에 있어 한을 품었사오니, 당당히 장녀의 목숨을 끊을 것이로되, 성상이 친히 분별하시어 흑백을 가리시어 원수를 갚아 주시기 바라오며, 요사를 없애야 궁중이 다 평안하오리이다."

상감께서 크게 반기시어 옷을 잡고 물으려 하시다가 깨시니, 허망한 꿈이었다.

촛불은 환하게 비치고 좌우의 내시는 밖에 모시고 앉아 있으니, 몹시 슬퍼서 한바탕 통곡하시고, 좌우더러 때를 물으시니 초경*이었다.

이에, 가마를 타시고 위의를 다 떨쳐 버린 다음, 좌우더러 발소리와

* 초경(初更) 저녁 7시에서 9시까지의 사이.

떠드는 소리를 내지 못하게 하시고, 영숙궁으로 가시었다. 이 궁에 오신 것이 칠팔 년 전의 일인지라 누가 상감께서 오실 줄 알았으리요.

이 날은 장빈의 생일이어서 숙정이 들어와 하례하고, 중궁을 모해한 일을 치하하여 모든 궁인이 서로 공을 다투고 옛날 일을 이야기하고 있었다. 신당에서는 무녀와 술사 들이 설법을 하고 있었는데, 느닷없이 대전의 가마가 대청에 이르러 들어오시니, 궁녀들이 놀라서 화급히 일어나 맞으면서 어찌할 줄을 모르고 있었다.

상감께서 그 공을 다투는 소리를 들으시고, 마음 속으로 크게 노하시어 묵묵히 앉아 얼굴빛을 자세히 살피시었다. 궁녀들은 희빈의 생일이요, 중궁이 계시지 않으므로 희빈을 찾아오신 줄로 알고 수라를 잘 차려 드리었다.

상감께서는 냉소하시고 멀리 살펴보셨다. 맞은편 당에 등불이 환하게 켜져 있었는데, 다 끄고 적적해진 것을 아시고 의심이 일어나 문을 열고 마루에 나오셨다. 맞은편에 병풍이 쳐진 것을 보시고 치우라고 하시자, 궁인이 당황하였으나 어쩔 수 없이 거두니, 벽 위에 한 얼굴 그림이 걸려 있었다. 자세히 보시니, 완연한 민후였다.

화살을 맞은 구멍이 무수하여 다 떨어졌는지라,

"이 어인 것인고?"

하시니, 좌우가 하도 다급하여 어쩔 줄을 모르고 아무 말도 못 하고 있는데, 장녀가 내달아 말씀드리기를,

"이것은 중궁의 화상이옵나이다. 그 성덕에 감격하여 화상을 그려 두고 생각하나이다."

하자, 상감께서 비로소 크게 노하시어 말씀하시기를,

"후를 생각하여 그렸으면 저렇듯 살 맞은 데가 많으뇨?"

장녀가 대답하지 못하는 것을 보시고, 데리고 온 내관을 시켜 촛불을 잡히고 서편의 신당에 가 보시니, 흉악한 신당이었다. 상감의 노여움이

대단히 심하게 나시어 마루에 앉으시고, 궁궐 안의 노복을 불러 모든 궁녀를 다 잡아들여 단단히 결박하고 엄중히 말씀하시기를,

"내가 벌써 짐작하고 알았으니, 만일 궁중의 요사스럽고 간악한 일을 털끝만큼이라도 속이면 당장에 죽으리라."

하시었다.

노염이 불같이 일어나시어, 음성이 급한 벼락 소리 같고, 엄하신 기운이 서리와 눈 같으시니, 어찌 감히 꺼리어 숨기리요마는, 그 중에서도 시영이 간악하여 처음에는 모른다고 잡아떼더니, 가죽과 살이 터져서 떨어지는 것을 보고, 여러 궁녀가 일시에 자백하여 앞뒷일을 낱낱이 아뢰니, 상감께서 새로이 몸이 오싹해지고 털끝이 쭈뼛해져서 말씀하시기를,

"범을 길러 화를 받는다는 말이 과연 이와 같도다. 내, 장녀를 내치지 아니하고 두었다가 큰 화를 스스로 당했으니, 이는 이웃 나라에 소문이 퍼지게 하면 안 된다."

하시고, 상궁, 시녀 등을 금부로 잡아들여 내일 친히 신문을 하려 하시고, 외전에 나오시어 잠을 이루지 못하셨다.

이튿날, 조정과 민간에 반포하시기를,

"중궁이 수명대로 다 살지 못하고 간악한 재난으로 원통하게 죽으심과 장 희빈의 대역 부도와 흉모 간악함이 이웃 나라에 소문이 퍼져 나가면 안 되느니라."

하시고,

"제주에 갇혀 있는 장희재의 얼굴을 죄인의 도포 자락으로 가려 씌우고 잡아 오고, 반역 죄인 숙정도 한가지로 모역한 죄인이니, 다 같이 사형에 처하라."

하시고,

"내수사의 춘상, 철향 등을 금부에서 잡아다가 창덕궁의 인정문에서

목을 베어 죽이라."

하시니, 승지 윤이부가 엎드려 아뢰기를,

"희빈의 죄악이 지중하오나, 세자를 보아 노여움을 가라앉히소서."

하자, 상감께서 크게 노하시어,

"장씨를 애당초 궁중에 두었던 것은 세자의 낯을 보아 그랬던 것인데, 궁중에 신당을 차려 놓고 저주를 묻어 중궁을 계획적으로 죽였으니, 그런 흉악하기 짝이 없는 대역 부도는 천고에 없기에, 내가 친히 신문하여 죄를 밝혀 중궁의 영혼을 위로하려 하거늘, 승지는 역적을 두호하며 금부로 하여금 추궁하자 하니, 신하가 되어 국모를 살해한 원수를 어찌 이렇듯 하리요. 극히 한심한 말이므로, 윤을 삭탈관직하여 궁문 밖으로 내쫓으라."

하시었다.

반역죄를 범한 중죄인 철향은 정강이를 몽둥이로 치는 형벌 세 대에 자백하여 말하기를, 을해년(숙종 21년)부터 신당을 짓고 무녀, 술사가 축원하여 중궁이 망하고, 장씨가 복위되도록 빌던 말과 화상을 걸고 화살로 쏘던 말이며 절절히 말하고,

"이 밖의 일은 시향 등이 알며 소인은 모르옵나이다."

하였다.

시향을 엄하게 문초하니, 나이는 스물세 살이었다.

"희빈이 장희재의 첩 숙정이와 편지를 주고받았사온데, 빈이 숙정이의 편지를 보고 좋아하였으나 그 이유는 몰랐사옵니다. 빈이 숙정이를 불러들여 갖가지로 모해하고, 작은 동고리를 치마 속에 싸 가지고 철향과 소인을 데리고 황혼 무렵에 통명전의 왼쪽 못가에 가서 묻고, 또 무엇인지 봉한 것을 봉봉이 만들어 상춘각 부중의 섬돌 아래 묻었사옵니다. 신은 철향 등과 함께 다녔으나 그 내막은 모르옵나이다. 하루는 취영이가 빈께 아뢰기를, '행사를 다하였나이다.' 하니, 희빈

이 묻기를, '시영과 철향이도 그 곳을 아느냐?' 하자, 대답하기를, '같이 다니면서 하였으니 어찌 모르며 시영, 철향이 빈의 심복이나 명목이 다르니, 속이는 것이 좋지 아니한즉 알게 하소서.' 하고 말하던 말과, 신은 그것을 몰랐으나, 권세를 두려워하여 모역한 것이 틀림없나이다."

시영은 마흔한 살이었다. 요사스럽고 간사하나, 감히 꺼리고 숨기지 못하여 자백하기를,

"해골에 오색 비단으로 지은 옷을 입혀 중전 생신 연월, 성씨를 써서 묻고, 의복에 해골 가루를 솜에 넣어 두며, 또 해골을 염습하여 묻었다가 들여가니, 중전께서 받지 않으시더니, 이듬해 탄일에 올려도 받지 않으시다가, 춘궁에 계시는 세자 저하의 낯을 보아 받으신 일을 아뢰고, 요사스럽고 간악한 귀신을 만든 것은 지극히 흉악한 일이니, 이것은 장희재의 첩 숙정이 한 짓이옵니다."

하고 말하였다.

즉시 숙정과 무녀, 술사를 잡아들여 엄한 형벌을 가하여 신문하시니, 자백하여 말하기를,

"일찍이 장희재와 친하였사온데, 귀양을 갈 때 은돈을 많이 주며 빈께 천거하기에, 천한 것이 무지하여 보화를 탐하고 대역을 저질렀사오니, 죽을 죄를 지었사옵나이다."

숙정을 신문하시니, 지은 죄를 사실대로 말하기를,

"희빈이 매일 궁녀를 보내어 어린아이의 옷을 지어 달라 하기에 아이 옷을 지었노라 아뢰고, 때때로 보물을 많이 보내면서 또 말하기를, 취선당이 저절로 울고 희빈이 병환이 계시니 굿을 한다고 하면서 청하기에 들어갔더니, 무녀와 술사가 중궁이 망하기를 축수한다고 하면서 희빈이 실정을 일러 주고 모의하므로 죽을 때인 줄 알고 동참하고, 중궁의 의복을 지은 것도 신이 하고, 해골은 희재의 청지기 철영

이가 얻어다 드렸나이다."

철영을 잡으러 갔더니 도망했는지라, 용모와 신체상의 특징을 그리고 기록한 지 며칠 만에 잡으니,

"희재와 생사를 같이하기로 결의한 일이 있사온데, 귀양 갈 때 은돈을 많이 주면서 '희빈이 시키는 일이 있거든 있는 힘을 다해 줘라.' 하기에 팔도에 다니면서 몹쓸 해골을 얻어다 드렸나이다."

자백한 내용들이 한 입에서 나온 것처럼 똑같으므로, 조정의 모든 신하들은 하도 끔찍스러워서 몸이 오싹해지고 털끝이 쭈뼛해졌다.

이곳 저곳에 묻은 것들을 파내니, 모양이 흉한 것도 있고, 요사한 것도 있어서 차마 바라보지 못하였다. 중전의 의복을 내어 솜을 떠니, 과연 푸른 가루가 날렸다. 상감께서 진노하시고 처량하고 슬프게 긴 탄식을 하면서 말씀하시기를,

"어쨌든 과인이 밝지 못하여 궁중에서 이런 변이 났으니, 이는 이웃 나라에 소문이 퍼지게 할 수 없는 일이다. 훗날 구천에 가서 무슨 면목으로 중궁을 보리요."

그 날, 죄인 십여 명을 군기시*에서 목을 베어 죽이고, 그 밖의 궁인과 마지기* 등은 모두 먼 곳으로 귀양 보내신 다음 어명을 내리시어 말씀하시기를,

"국모를 모살하니, 이는 막대한 옥사이거늘, 무도한 신하가 날마다 글을 올려 말하기를, '죄인을 가두어 놓고 친히 신문하시는 것이 임금으로서의 체면이 아니라.' 하여 농락을 하니, 어찌 그의 말을 좇아 중궁을 모살한 원수를 갚지 않음이 좋단 말인고? 이런 신하를 두면 반드시 우환이 있을 것이니, 모두 다 변경 지방으로 귀양 보내라."

하셨다.

* 군기시(軍器寺) 고려, 조선 시대에 병기, 기치, 융장, 집물 따위의 제조를 맡아 보던 관아.
* 마지기 조선 시대에 내수사와 각 궁방에 속한 하인.

장빈을 이 때 본궁에 가두어 놓았는데, 처치할 것을 생각해 보시니, 당장에 처참하고 싶으시나 아비와 자식은 오륜 중에서도 큰 인륜인지라, 세자의 낯을 보아 중형을 내리지 못하고 말씀하시기를,

"이제, 장녀는 다섯 가지 형벌로 처벌하여도 오히려 죄가 남으되, 세자의 정리를 생각하여 형벌을 감하여 신체를 온전히 하라."

하시고, 한 그릇의 독약을 내리라고 각별히 명령하시고, 궁녀를 보내시면서 말씀하시기를,

"네가 대역 무도한 죄를 짓고 어찌 사약을 기다리리요? 자결하는 것이 옳거늘 인물이 행여 살아날까 하고 태평하게 하늘과 해를 보고 있으니, 더욱더 죽을 죄를 짓는도다. 세자의 낯을 보아 형체나 온전히 하여 죽음이 네게는 영화인 줄 알라. 어서 죽으라!"

하셨다.

이 때, 장씨는 죄악이 탄로나서 나라 전체가 시끄러운데도 요사스럽고 간악하며 독한 것이 조금도 두려워하거나 부끄러워함이 없이, 중궁을 해친 것만을 기뻐하고 두 눈이 말똥말똥하며 독살만을 부리더니, 약을 보고는 고함을 치면서 발악하면서 하는 말이,

"내, 무슨 죄가 있기에 사약을 받으리요. 구태여 나를 죽일진대 내 아들을 먼저 죽이라!"

하고, 약사발을 엎어 버리고 궁녀에게 호령하니, 궁녀가 위력으로 핍박하지 못하여 상감께 보고하니 상감께서 진노하시어,

"내 앞에서 죽일 것이로되 너를 보기가 더러워 약을 보내니, 네가 염치가 있을진대 스스로 죽어 자식이 편하고 남의 손에 죽지 않음이 옳거늘, 자식을 유세하여 누구한테 발악하느뇨? 이 약이 네게는 상인 줄 모르고 죄를 지은 위에 다시 죄를 짓지 말고, 법률에 의한 처벌을 받지 말라."

궁녀가 어명을 전하니, 장씨가 발을 구르고 손뼉을 치면서 발악하여

하는 말이,

"민씨가 명이 짧아 죽었는데, 그것이 나와 무슨 상관이 있느냐? 너희들이 나를 죽이고 훗날에 세자에게 살기를 바랄쏘냐?"

불순하고 패악한 소리를 악착같이 하니, 상감께서 들으시고 분연히 노하시어 가마를 들이라 하여 타시고 영숙궁으로 친히 가시었다. 마루에 자리잡고 앉으시더니, 좌우 궁녀들에게 호령하시어 장녀를 끌어내려 당에 내려놓고 꾸짖어 말씀하시기를,

"중궁을 모살하였으니 대역 무도임이 천지에 당연하므로 당연히 네 머리와 수족을 베어 천하의 모든 사람에게 보일 것이로되, 자식의 낯을 보아 특별히 은전을 베풀어 가벼운 벌을 쓰거늘, 점점 더 태만하여 큰 죄를 더 짓느냐."

장녀가 눈을 독살스럽게 뜨고 상감의 얼굴을 우러러보면서 큰 소리로 말하기를,

"민씨가 나에게 원망을 끼치고 벌을 받아 죽었으니 나에게 무슨 죄가 있으며, 전하가 정치를 밝히지 않으시니 임금의 도리가 아니라."

하며, 살기가 등등하니, 상감께서 노하시어 용안을 높이 뜨시면서 소매를 걷으시고 큰 소리로 명령을 내리시기를,

"천고에 이런 요사하고 간악한 년이 있으리요!"

하시고, 좌우의 궁녀들로 하여금 약을 먹이라 하시니, 장씨가 손으로 궁녀를 치며 몸을 부딪쳐 발악하여 말하기를,

"세자와 함께 죽으리라. 나에게 무슨 죄가 있나이까?"

상감께서 더욱더 진노하시어,

"좌우에서 붙들고 먹이라!"

하시니, 여러 궁녀들이 황급히 달려들어 양팔을 붙잡고 허리를 껴안고 먹이려 하나, 장씨가 입을 다물고 벌리지 않거늘, 상감께서 보시고 더욱더 대로하시어,

"막대로 입을 어그러뜨리고 부으라!"
하시니, 여러 궁녀가 숟가락총으로 입을 벌리자, 장녀가 이에는 위급한 지라 소리를 죽여 애통해하면서 말하기를,

"전하가 내 죄를 보지 마시고, 옛날의 정과 세자의 낯을 보아 목숨을 살려 주소서."

하자, 상감께서는 들은 체도 않으시고 먹이기를 재촉하시니, 장녀가 교묘한 말로 눈물을 비 오듯 흘리면서 상감을 우러러보면서 슬프고 참혹하게 빌어 말하기를,

"이 약을 먹여 죽이려 하시거든 세자나 한 번 보아 저승에 가더라도 한이나 없게 하소서."

하였다.

악하고 간사한 말과 처량한 소리로 슬피 비니, 요사스러운 태도는 사람의 심장을 녹이고 도리어 불쌍하되, 상감께서는 조금도 측은히 여기지 않으시고, 계속해서 세 그릇을 부으니, 눈 깜짝할 사이에 크게 소리를 지르며 섬돌 아래 거꾸러져 피가 샘솟듯 쏟아져 나왔다.

한 그릇의 약으로도 오장이 다 녹으려든 하물며 세 그릇을 함께 부었으니, 삽시간에 귀, 눈, 코, 입의 일곱 구멍으로 검은 피가 솟아나 땅에 괴었다.

슬프다! 조그마한 궁인의 몸으로서 국모를 모살하고, 여러 인명을 죽게 하니, 하늘이 어찌 앙화를 내리지 않으리요. 상감께서 그 죽은 모습을 보시고 외전으로 나가시면서,

"신체를 본궁으로 보내라."

하시고, 이튿날 분부하시기를,

"장녀가 죄악이 중하여 왕법을 행하였으나, 자식에게는 모자의 정이 있을 것인즉, 세자의 정리를 보아 간략하게 장례를 치르라."

하시었다.

장희재는 육신을 토막쳐 죽이시고, 가산은 몰수하시니, 모든 백성이 상쾌하게 여기며 즐거워하지 않는 이가 없었다.

장씨의 주검을 누가 정성스러이 거두어 주리요. 피 묻은 옷에 휘말아 소금장을 덮어 궁 밖으로 내어다가 방 안에 뉘어 놓고 상감의 어명이 떨어지기를 기다렸다가 하려고 하더니,

"시체를 염습하여 장사를 지내라."

하시므로, 들어가 입관하려고 하였다. 그런데 하룻밤 사이에 신체가 다 녹아 버리고, 검은 피가 가득히 괴어 신체가 뜨게 되었으니, 도리어 형벌을 받는 것만 못하였다.

희재의 신체는 찾아갈 사람이 없고, 인심이 모두 이를 북북 갈고 있으므로 사람마다 막대기에 꿰어들고 효시하였다.

슬프다!

사람이 근본을 생각지 않으면 앙화가 있는 법이다. 제가 상놈이요 천민으로서 궁 안을 다니다가 제 누이가 궁궐에 깃들여 대궐의 귀한 사람이 되니, 분에 족하고 영화가 그들먹하거늘 참람한 마음을 내어 대역을 짓고 이 지경이 되었으니 사람이 조심하지 않으랴.

상감께서 옥사를 친히 신문하시기로 결단하시고, 시월 십삼일을 당하여 혼전에 친히 가시어, 제문을 지어 제사를 지내실 때, 제문에 씌어 있기를,

> 어진 후가 하늘나라로 올라가신 지 이미 일월이 많이 바뀌었도다. 음성과 용모가 깊고 깊어지니, 과인의 생각함이 날로 더하고 달로 더하도다.
>
> 전날의 일을 뉘우치고 이제의 일을 느껴 한이 골수에 잠겼거늘, 나는 도리어 어진 후가 간악한 여자의 해를 입어 비명에 돌아가실 줄을 어찌 알았으리요! 대역 무도하고 간사한 사람의 극성스러운 변을, 밖

으로 신당을 차려 놓고 안으로 요사한 것을 묻어 꾸며 냄으로써, 흉악한 귀신의 재앙이 후의 몸에까지 미칠 줄을 어찌 알았으리요!

이상한 증세를 참지 못하시던 일을 생각하면 심장이 미어지는 듯하도다. 후의 어진 덕과 착한 성정으로서 하루 아침에 어찌 간교한 여자의 해를 입으며, 민씨 가문의 음덕이 깊거늘 도움이 어찌 없었느뇨.

아아, 슬프도다!

이는 모두 다 과인이 박덕하고 불명하여 간사하고 흉악한 인간을 멀리할 줄 모르고 큰 화를 스스로 당한 것이니, 뉘우친들 무슨 소용이 있으리요! 후는 비명에 돌아가고, 과인은 화려한 집에 편안히 살고 있으니, 후의 영혼이 구름 낀 하늘 속에서 과인을 원망함이 깊었도다.

슬프도다!

죽으면 아무것도 모른다는 말은 누가 했던가. 후의 일월 같은 정신이 흩어지지 아니하여 신령이 나타나는 꿈을 빌려 가르침이 분명하니, 이 어찌 돌아갔다고 하리요. 완연히 깨쳐 주어 간악한 사람을 잡아 요망한 재앙을 다 숙청하였으니, 요사스럽고 간악한 머리와 간사한 허리를 도끼와 독약으로 죽이었도다. 후의 원통하고 억울한 원한을 갚은 것이 분명하되, 죽은 자는 다시는 살아날 수 없어서 후를 일으키지 못하니, 지극한 원통이 더 심해지며, 분풀이를 한 것이 끝내 상쾌하지 못하므로, 후의 정령도 저승과 이승 사이에서 더 슬퍼하리로다.

지난날, 후가 사람을 잘 알아보는 식견이 응당 빼어나기에 '간사한 사람을 가까이하지 말라.' 하셨으되, 처음에는 왕비 자리에 오르실 때 하던 말을 과인이 어리석고 약해서 깨닫지 못하고 큰 화를 스스로 당했거니와, 이제 후의 밝은 영혼이 가르쳐 뵘이 없었더라면 반드시 원수를 갚지 못하고, 도리어 요사스럽고 간악하며 악한 귀신의 재앙이 궁중에 가득하여 망하고야 말았을 것을, 밝은 영혼이 가르쳐 주어 궁내를 숙청하고, 과인이 사리에 어둡고 어리석다는 이름을 면하게 되었으나, 간사한 인간이 후의 생전에 해를 끼친 인간이요, 사후에는 원수가 되었도다.

후의 체면이 높고 덕이 두터워 세자를 불쌍히 여기어 은혜를 베풀어 주심이 친자식에 대한 것보다도 지나고, 세자를 돌봐 주다가 화를 스스로 당한 결과가 되었도다. 어질도다, 후의 명철한 덕성이 생전에는 신하와 백성의 법이 되고, 사후에는 밝은 정령이 한 나라의 원한을 풀었도다.

슬프도다!

후의 정령이 밝고 밝은지라 과인이 이렇듯 슬퍼함을 유념하지 않으리요.

읽기를 마치고 큰 소리로 통곡하시니, 보고 듣는 이가 눈물을 흘리지 않을 수 없었다.

궁중이 새로이 망극하되, 세자가 계시므로 감히 말을 못 하나, 철이 드신 후로는 어머니 때문에 지극한 한이 되었고, 중궁전 성모의 은혜와 사랑을 받자와 극진하시더니, 뜻밖에도 화변을 만나시어 처신을 어떻게 하실지 몰라 스스로 죄인이라 하고, 여러 번 상소하시어 죄를 다스려 주시라고 요청하시고, 세자의 자리를 사양하시니, 상감께서 처량하고 슬프게 깨닫는 바가 있으시어 말씀하시기를,

“어미 죄로 어찌 무죄한 자식을 폐하리요? 이런 말은 다시는 말라.”

하시니, 세자가 오히려 집 안에 틀어박혀 세상에 나오지 않으시고, 세자의 자리를 맡지 않으시어 사양하시니, 상감께서 불러 앞에 앉히시고 손을 잡고 알아듣도록 타일러 말씀하시기를,

"네 어미의 앙화가 자식에게 미쳐 골수에 병이 되고, 어찌할 줄을 몰라서 이런 말을 하니, 네 어미의 죄는 가히 죽음 직하나 내 마음이 아프도다. 아비와 자식은 하늘이 이뤄 준 친족이다. 아비가 용서하는데 자식이 어찌 거스르리요. 이런 말은 하지 말라."

하시니, 세자가 머리를 조아려 흐느껴 울고, 성은에 감사하여 마지못하여 세자 자리에 앉으셨으나 평생 무궁한 원통으로 아시었다.

섣달에 장차 상여를 메고 묘지로 떠나려고 하는데, 또 제문을 지어 쓰시기를,

슬프도다!

어진 후는 이름난 집안의 어진 규수요, 공자의 교훈을 얻었도다. 혼인식을 올리고 입궐하자, 위로는 대비의 예의범절을 본받고, 아래로는 궁인들이 우러러 복종하였도다. 정사의 기틀이 완전하고, 내조하는 덕이 훌륭하였도다.

나라의 운수가 불행하고, 과인이 박덕하여 후의 성덕으로 장수를 누리지 못하시니, 아아, 슬프도다! 후의 자취를 어디 가서 반기며, 과인의 의심하는 바를 누구와 더불어 해석하리요!

신위를 모셔 둔 전각에 가서 관을 대하면 오히려 후의 음성과 용모를 대한 듯하더니, 세월이 빨리 흘러 장례를 하게 되니, 후의 음성과 용모와 관이 길이 대궐 안에서 떠나리라. 과인이 스스로 취한 듯, 미친 듯하니, 후의 혼령이 있을진대 유념하여 느끼리라.

후가 돌아가니, 생전의 꽃다운 덕이 더욱 빛나고, 사후에 슬퍼함은 마치 만민이 제 부모를 여읜 듯이 하니, 비록 없어도 있는 것처럼 느껴지는도다. 과인은 길고 긴 세상에 원한이 더 심하니, 어찌 참고 견디리요.

이승에서 산과 바다 같은 은혜와 의리라고 느끼어 영원히 떠나보

내거니와 능 오른편을 비워 두었다가 훗날 같이 묻히기를 바라노니, 천추 만세에 몸과 혼백이 같이 놀 것이로다.

하였다.

장례를 치르신 후에 슬퍼하심을 더 참지 못하시었다. 민씨 집안에 은혜와 영광을 자주 내리시어 예우하심이 더하시니, 민씨 집안에서 더욱 더 송구스럽고 황송하여 겸손하게 사양하는 한편, 항상 조심하고 공경하며 삼가면서 충성을 다하여 나라의 은혜에 보답하였다.

나라에 왕비 자리가 비었으니, 마지못해 중궁을 뽑으시어 경은 부원군 김주신의 따님을 맞이하시어 임오년(숙종 28년)에 왕비로 책봉하시고, 조정에서 축하를 받으실 때, 옛일을 추모하시어 눈물이 떨어져 용포를 적시시니, 비빈과 궁녀가 슬퍼서 흐느껴 울었다.

삼년상을 마치신 후에도 슬퍼하심을 마지않으시고, 후의 유언을 생각하시어 후를 모시고 육 년 동안 고초를 같이 겪었던 상궁 십여 인을 은혜에 보답하는 뜻으로 상을 많이 하사하시고, 각각 민간에 나가서 인륜을 찾아 살게 하시었다. 여러 여자가 황공해하고 감격하여 흐느껴 울면서 차마 대궐을 떠나지 못하였다.

무술년(숙종 44년)에 창경궁 장춘헌에서 세자빈 심씨(경종의 비)가 세상을 떠나셨는데 슬하에 자녀는 없었다.

그 해 다시 간택하시어 함종 어씨(경종의 계비)를 세자빈으로 책봉하셨으나 생산을 못 하셨다.

경자년(숙종 46년) 유월 초파일 묘시*에 경희궁 융복전에서 상감께서 승하하시니, 춘추가 육십 세이셨다.

그 거룩한 덕과 큰 도량, 훌륭하신 문무를 겸비하심이 만대의 영명한

---

* 묘시(卯時) 오전 5시부터 7시까지의 사이.

임금이셨으니, 나라 전체가 망극하였다.

옛날부터 참소에 속은 임금이 많았으되, 숙종 대왕처럼 얼마 안 가서 의혹이 풀리고 밝게 깨달으시어 광명정대하게 처리하셨음은 역대에 으뜸이셨다.

왕세자께서 즉위하시고, 빈 어씨를 왕후로 책봉하셨으나, 상감께서 병환이 계시어 손자를 얻는 즐거움을 보지 못하실 줄 아시고, 이듬해 신축년에 연잉군을 왕위를 물려받을 왕의 아우로 책봉하시니, 즉 영조 대왕이시다. 군의 부인 달성 서씨(정성 왕후)를 빈으로 책봉하시어 우애가 지극하셨다.

갑진년(경종 4년) 팔월 이십오일에 창경궁 환취정에서 승하하시니 재위 사 년이요, 춘추가 삼십칠 세시었다.

양주(楊州)에 장례를 하고 왕세제*께서 즉위하시니, 이는 영조 대왕이셨다. 효성을 타고나시고 요순 임금 같은 도덕이 계시어, 오십여 년 동안 태평을 누리시니, 숙종 대왕의 음덕이었다.

어린 시절부터 민 대비께서 사랑해 주시던 은혜를 잊지 못하시어 추모하심을 세월이 갈수록 더하시고, 명철하게 보신을 하시었으나 슬하에 아들이 없음을 크게 슬퍼하셨다.

즉위하신 후로 안국동 본궁에 거둥하시어 여섯 해 동안 고초를 겪으셨던 집을 둘러보시고 크게 통곡하시며, 현판을 들여다가 임금의 친필로 감고당이라 하시고, 수래골 민 판서 댁은 여양 부원군 형님 집인데, 인현 왕후께서 탄생하신 집이므로, 또 거기에도 거둥하시어 둘러보시고 돌비를 세워 '인현 왕후께서 탄생하신 옛 터' 라고 임금의 친필로 쓰시고, 민씨 일문에 은혜를 특별히 내리시니, 이 또한 인현 왕후께서 겸손하고 공손하며 모질지 않으신 덕으로 천심을 감동시켰기 때문이다.

* 왕세제(王世弟) 왕위를 이어받을 왕의 아우.

민후께서 출궁당하신 후 장빈이 안으로 내응하고 밖으로는 간신들과 모의하여 후에게 약을 먹여 죽이고 민씨 일문을 전멸시키려고 기회를 엿보고 있었으나, 천심이 허락하지 않으시니, 수년 후에 상감께서 깨달음이 계시어 여러 가지로 의심이 일어나 고요히 생각하시더니, 임신년에 꿈 하나를 얻으셨는데, 명성 대비께서 얼굴에 진노하시는 빛을 띠고 말씀하시기를,

"중궁은 우리 나라의 성스러운 여자요, 과인이 사랑하는 왕비이거늘, 대궐에서 내쫓고 요사스럽고 간악한 천인을 왕비 자리에 올리니, 나라에 욕이 되기에 나는 제사 음식을 받지 않노라."

하시고, 노기를 띠고 떨쳐 일어나시어 가마를 타시고 후원 문으로 중궁을 보러 간다고 하시었다.

상감께서 몹시 당황하여 따라가시니, 앞뒤의 문이 꼭꼭 잠겨 있고, 집 안에는 풀과 먼지가 무성하였다. 한 곳 작은 집에 이르러 보시니, 민후께서 무색옷을 입으시고 임금의 사랑을 바라고 앉아 계시다가 대비를 뵈옵고 눈물을 흘려 사은하시니, 대비께서는 붙들고 슬프게 통곡하시면서 말씀하시기를,

"이것은 전생의 원수로서 액운이 몹시 심하나 얼마 안 가서 천운이 틀림없이 완전하게 될 것이니, 스스로 보중하여 간사한 인간의 뜻을 괘념치 말라."

하시니, 중궁을 모시고 있는 궁인이 일시에 통곡하는 소리에 놀래어 깨시니 평상 위에서 꾼 한바탕의 꿈이었다.

대비전의 용안이 완연히 명백하시고, 민후의 거처하고 계시는 집과 스스로 죄인이라고 여기고 계시는 모습이 처량하거늘, 도리어 슬퍼하시어 종일토록 사모하고 그리워하는 마음을 마지않으셨다.

슬픈 마음이 나시니, 당장에 예전의 상태로 되돌리고자 하셨으나, 나라의 체통으로 보아 그렇게 하기는 매우 어려워, 경솔히 못 하시므로

묵묵히 참으시고, 충성스럽고 부지런한 사람을 놓아 대궐 안의 기색을 살피어 알아보게 하셨다.

이 때, 대궐에서 일하는 사람들은 모두 다 궁인의 족속이어서, 민후를 그르다 하여 지극한 한이 되어 있었는데, 이 때를 타서 폐후께서 스스로 죄인이라 여기시고, 사람의 발자취가 끊어졌다는 말씀과 민후의 충성스럽고 공손하며 곧은 마음으로 조심하신다는 말씀을 듣고 상감께서 감동하도록 아뢰니, 상감께서 꾸신 꿈과 같음을 아셨다.

중궁(장녀)이 참소하는 바는,

"민씨가 일찍이 외부 사람과 상통하고 인심을 모아 대역을 도모하고, 신령께 축원하여 상감을 방자한다."

하니, 상감께서 들으시는 체하시고 묵묵히 앉아 계시어 민씨를 생각하시게 되었다.

갑술년(숙종 20년)에 예전 상태로 되돌리시어 황급히 복위시키시고, 국사를 보시고 난 여가에는 중전을 모시고 계셨다.

하루는, 상감께서 말씀하시기를,

"입궁하심을 그토록 고집하시어 과인으로 하여금 답답하게 하셨느뇨? 과인의 성품이 급하여 참지 못함이 많아 사리를 깊이 생각지 못하였으니 뉘우쳐도 미치지 못하리라. 내가 장녀를 먼저 폐하고 친히 거둥하여 후를 맞아 왔더라면 체모가 극진하고 중궁의 영화도 무궁할 것이거늘, 내가 미처 생각지 못하였으니 애달프오이다."

하시니, 후가 상감의 뜻이 이렇게 미치심을 사례하시었다.

세자께서 매양 앞에서 놀 때, 아름다운 실과와 빛나는 꽃을 가져다가 후께 드리고 상감께 아뢰시기를,

"영숙궁 모친은 어진 기운이 없고, 새로 오신 어머니는 얼굴조차 착하시오이다."

하셨다.

하루는, 산호로 꾸민 칼을 가져다가 후께 드리면서,

"이것이 곱사오니 차소서."

하셨다.

복위하시던 날, 상감께서 내전에 들어오시어 부원군의 직함을 친히 써서 내리시면서 후께 말씀하시기를,

"전 부부인(숙종의 첫 왕비였던 인경 왕후의 어머니)의 칭호는 생각하되, 지금 부부인(인현 왕후의 어머니)의 칭호는 생각지 아니하니 무슨 까닭이뇨?"

하시자, 후가 대답하여 말씀하시기를,

"상감께서 일컫지 않으시니, 또한 생각지 못하나이다."

하시자, 상감께서 미소를 지으면서 말씀하시기를,

"후는 태사(중국 주나라 문왕의 비. 어진 부인으로 이름이 높았음)라 어찌 생각지 못하리요?"

하시고, 깊이 생각하시다가 깨달으시고, 칭호를 써서 조정에 내리시니, 후께서는 근심스럽고 두려운 듯이 슬퍼하셨으나 표정에는 나타내지 않으셨다.

조정에서 친필로 하교하시는 은혜와 영광을 감사히 여기시고 마음으로부터 깊이 존경하여 복종하였다.

민씨 집안의 여러 사람에게 새 벼슬을 주어 부르셨으나 황공하여 감히 받을 수 없어 사양하고, 조정에 들어오지 않았다. 상감께서 여러 번 특별히 은혜를 베푸시므로 마지못하여 대궐에 들어오니, 충성스러운 모습이 새로이 위엄 있고 당당하였다.

상감께서 예우하심을 극진히 하시고 후에게 말씀하시기를,

"평생에 즐겁고 기쁜 일이 없더니, 중궁이 복위하시니, 그 밖에는 기쁜 일이 없소이다."

하시었다.

대체로 보아서, 숙종 대왕의 성덕 문무로 잠시 어리석은 데에 빠지셔서 사리를 분별하지 못하시다가 하루 아침에 깨달으시니, 천추 만대에 영걸하신 임금님이시요, 인현 왕후의 곧고 바른 성덕과 서리와 눈 같은 예절은 지금까지 흠모하고 칭송하는 이가 많으니라.

아름답다, 박태보의 충성은 고금에 없는지라, 후세 인민의 본받을 바이로다.

작자 미상

계축일기

계축일기

제1권

임인년(선조 35년)에 중전인 인목 왕후*께서 잉태하셨다는 이야기를 듣고, 광해군의 장인인 유자신은 낙태시키기 위해서 놀라시게 하는데, 대궐 안에 돌팔매질도 하고, 대궐 사람들을 사귀어, 궁녀인 나인의 변소에 구멍을 뚫고 나무로 쑤시며, 여염집에 횃불을 들고 인가를 습격하는 명화 강도*가 들었다는 소문을 퍼뜨렸다. 그 때에 궁중에서도 유자신이 그런 짓을 했으리라고 의심하였다.

계묘년(선조 36년)에 공주(인목 대비가 낳은 선조의 딸. 영창 대군의 누이인 정명 공주)를 낳으셨는데, 조보*를 전하던 사람이 잘못 전하여 대군*이 태어났다는 말로 알아듣고, 유자신은 대답하지 않다가, 공주가 태어났다는 말을 듣고 무엇을 주더라 하니, 더불어 미워함을 알 수 있었다.

* **인목 왕후**(仁穆王后) 선조의 후취. 이조 좌랑 김제남의 딸.
* **명화 강도**(明火强盜) 떼를 지어 다니며 행패를 부리고 불을 지르고 도둑질을 하던 불한당.
* **조보**(朝報) 나라에서 생긴 일을 기록하여 매일 아침 알리던 일.
* **대군**(大君) 임금의 본부인이 낳은 아들.

그 후, 병오년(선조 39년)에 대군(인목 왕후가 낳은, 선조 임금의 아들인 영창 대군)을 낳으셨다는 말을 듣고, 유자신이 집에서 머리를 싸매고 음해할 생각을 하면서, 임금의 본부인이 낳은 아들인 적자*가 태어났으니 왕세자의 자리가 위태롭다고 하여, 왕세자를 모시는 권세 있는 신하들과 정인홍*을 사귀어서,

"아무려나 왕세자를 위하여 굿을 하고 점을 쳐라."

하였다.

한편으로는 소문을 퍼뜨리기를, 임해군*에게 자식이 없으니, 임해군을 세자로 삼아 대군에게 전하려 하신다는 소문을 내고, '선묵제 만묵제' 라는 동요를 지어 내어 명나라에 허락해 주기를 재촉하였다.

갑진년(선조 37년)에 광해군을 세자로 봉해야 한다는 내용이 담긴 글을 간절하고 지성스럽게 지어 올렸다. 명나라 시절에는 뇌물을 쓸 수도 없고, 조정에서는 옳은 것만을 좇으며, 명나라 황제도 엄하신 데다가 황제의 뜻이 무한히 엄하시고 엄하시어,

"나라의 중대한 의식으로 보아서 둘째 아들을 세자로 세움은 나라와 집안이 다 같이 망하는 일이니, 명나라는 온 천하를 위해서 법을 펴니, 한 조정을 위해서 법을 펴지는 못할 것이니라."

하시어, 황제의 뜻이 준엄하시었다.

그 후에 유자신의 패거리가 말하기를,

"본부인 아들인 영창 대군이 태어났는데, 세자를 책봉해 주시라는 주청을 안 한다."

하였다.

대왕이 불편하실 때, 정인홍, 이이첨 등 대여섯 사람이 상소를 올렸

---

* **적자**(嫡子) 정실이 낳은 아들.
* **정인홍**(鄭仁弘) 계축 옥사를 일으켜 영창 대군을 죽이게 하고, 인목 대비를 폐위시켜 서궁에 가두고 영의정에 올랐음.
* **임해군**(臨海君) 선조의 공빈 김씨의 아들. 광해군의 친형. 훗날 광해군에 의해 죽임을 당함.

는데,

'유영경이 임해군을 위하여 광해군을 세자로 책봉해 주시라는 주청을 아니 하니, 유영경의 머리를 주소서.'

라고 씌어 있었다. 그것은 임금의 뜻에 거슬리는 광포하기 짝이 없는, 차마 입 밖에 낼 수 없는 상소였다. 여러 해 동안 병환이 낫지 않으시는 증세로 침식을 못 하시고, 실낱 같은 기운으로 상소를 보시고는,

"제 어찌 임금과 애비를 헐뜯는 짓을 하는고."

하시고, 분노를 참지 못하시어 침식을 전폐하시고,

"정인홍 등을 멀리 귀양 보내라."

하고, 겨우 어명을 내리시고, 드디어 돌아가시었다.

바로 멈추지 아니하고, 세자와 세자빈(세자 광해군의 부인인 유자신의 딸)을 침전에 들어오게 하여, 계자*와 새보와 마패 등, 이렇듯 중대한 것들을 바로 내주고, 세자와 여러 왕자들에게 돌아가신 임금이 하신 말씀을 후궁이 전하는데,

"대군을 향하여 돌아가신 임금님께서 하신 말씀을 이 때에 한 가지로 내리소서."

하고, 말하였다.

중전께서는 의식이 흐릿하여 정신을 차릴 수 없어서,

"그 유교는 이제 같이 내리지 않겠다."

라고 하셨는데, 여러 사람의 뜻을 모아 왕자들에게 먼저 보이고, 조정에 알리었다.

이러한 것을, 돌아가신 임금님께서 그리 하라고 말씀하셨다고 하여 큰 허물을 삼으니, 진실로 대군을 세우려 한다면 나라의 권세가 손아귀 안에 있을 때 올리지, 새보를 내어 베풀 사이가 없이 광해군에게 바로

* 계자(啓字) 임금의 허가를 받은 서류에 찍던 나무 도장.

보내시며, 또 유교에,

'헐뜯고 거짓 꾸며서 고해 바치는 말과 모함이 있어도 괘념치 말고 대군을 딱하게 여기라.'

하신 말씀이거늘, 어찌 유교대로 대군을 세울 일이 있으리요?

정미년(선조 40년) 시월에 편찮으셨을 때에도 왕세자며 빈을 바로 불러 곁에서 약시중을 들게 하며, 민첩하지 못하여 임금의 뜻에 어그러지는 일이 있어도 내전*으로 계시면서, 중간에서 좋도록 이끌어 가니, 그때에는,

"내전께서 돌아가신 임금님으로부터 받은 은덕이 지극히 귀중하다."

하고, 기뻐하였다.

점점 안팎을 이간질하는 사람이 있어서, 임해군부터 없앨 계획을 세웠는데, 옳지 못한 일에는 흉악하여, 마침내 소장을 내어 큰 근심거리를 일으키니, 그런 간악한 놈이 어디 있는가? 대개 어린 시절부터 딱하고 가엾게 여기셨으나, 임진왜란 때 갑자기 광해군을 세자로 정하셨다. 평상시에 교훈하실 때 어명을 내리시나 일체 순순히 따르지 아니하고, 타이르시는 족족 원수처럼 여기기만 하니 말씀하시기를,

"자식이 어버이를 향하여 하는 도리가 저렇듯 할 수 있는가?"

하시고, 잘못한다고 여기시었다.

후궁의 조카를, 의인 왕후*께서 빈전*에 계실 때 데려다가 첩을 삼으려 하자,

"못 한다. 어찌 부덕한 일을 하려 하는가?"

하시고, 허락하지 않으신 일을 깊이 한스럽게 여겼다.

병오년(선조 39년)에 큰 화를 일으키어, 한 힘을 얻기 위해서 큰 욕심

* 내전(內殿) 왕비 곧 인목 대비.
* 의인 왕후(懿仁王后) 선조 임금의 첫 왕비.
* 빈전(殯殿) 발인할 때까지 임금의 관을 모시던 집.

을 내고, 임금을 속이고 데려가려고 후궁을 위협하기를,

"이렇게 하는 일을 주상께 여쭙거나, 조카를 아니 주거나 하면 훗날 삼족을 멸하리라."

하고, 위협하고 으름장을 놓아 나인을 보내어 빼앗아 갔다.

이런 말을 주상께서 들으시고 크게 나쁘게 여기어 말씀하시기를,

"옛날, 세종 임금 때, 소헌 왕후를 그 아버님의 일 때문에 태종께서 폐하려고 하시자, 세종께서 '그리 하겠습니다.' 하시고는, '여덟 대군은 어떻게 처치하시겠습니까?' 하시자, 태종께서 그제야 '폐하지 말라.' 하셨다. 어린 계집이 무엇이 귀하여 어버이를 속이고 데려갔단 말인고. 흉악한 뜻이로구나."

하시고, 그 후부터는 마땅치 않게 여기셨다.

대체로, 대군을 향하여 병오년부터 뉘우치는 마음을 일으키어 눈엣가시와 의붓자식처럼 여기다가, 대군이 점점 자라나므로 큰 변을 쉽게 일으키어 갑작스럽게 없애 버릴 일을 유자신과 날마다 꾸며 내는데, 자기의 신변에서 무슨 일이 벌어지고 있는지도 모르는 저 대군이 슬프도록 불쌍하고 가련하게 여겨질 것이건만, 평상시에 큰 일이든 작은 일이든 반드시 쉬운 일도 순종하지 않고, 뜻을 거슬리어 박대함이 심했다.

정인홍 등은 귀양지에 가지도 않아서, 선조께서 세상을 떠나신 날 바로 대궐로 불러들여, 일정한 순서나 차례를 밟지 아니하고 벼슬에 임용하였다. 세상을 떠나신 지 열나흘 만에 형을 외가 쪽의 친척으로 내리도록 두 대관과 간관으로 하여금 논란을 벌이게 해 놓은 다음, 임해군에게 죄를 논한 상소문을 보여 주면서 말하기를,

"이제라도 대궐에서 나가면 죄를 벗을 것이지만, 대궐 안에 계속 남아 있으면 죄가 더 무거워질 것이오. 내가 몰래 일러 주는 것이니 얼른 나가시오."

하고, 군사들을 동원하여 죽 엎드려 숨어 있게 해 놓았다.

임해군이 꾀에 넘어가, 바로 대궐에서 나가자, 군사들이 일시에 내달아 둘러싸고 비변사*로 끌고 가서 가둬 두었다가 교동*으로 보내어 가시 울타리 안에 가두어 놓았다.

그 때, 임해군이 실제로 병이 있는지 없는지를 조사하기 위해서 명나라 요동도사 엄일괴가 들어오더니, 임해군더러 말하기를,

"전신 불수병에 걸린 듯이 해야 처자식과 함께 살지, 만일 시키는 대로 아니 하면 죽일 것이다."

하고, 공빈의 사촌 오라비 김예직*을 보내어 은근히 달래자, 그 말을 곧이듣고 시키는 대로 하였다.

명나라 사신으로 온 엄일괴가 돌아간 후, 바로 심복인 의원을 보내어 독약을 음식에 넣어 죽였다.

임해군을 죽일 때, 영창 대군을 함께 잡으려고 한 번 상소문을 올리자, 조정에서 시비가 일어나기를,

"지금 당장은 포대기에 싸여 있고 새로운 정치를 펴나가는 때이므로, 형제 둘을 함께 없애기는 어렵다."

하자, 대군은 죽이지 않고 도로 내버려 두었다.

대비께 하루 세 번씩 하는 문안을 자주 하는 체하더니, 점점 초하루와 보름에만 하고, 그나마 무슨 연고가 있으면 하지 않았다. 오랜만에 문안을 하러 와서는 머물지도 않고 앉자마자 일어나니, 모자간에 무슨 재미있는 화목한 말이 있을 것인가?

선왕께서 세상을 떠나신 후 스무하루 만에 문안을 드리러 왔는데, 평상시에 친구의 상을 당했을 때에도 처음 만나면 소리를 내어 슬피 우는 것이 예사이거늘, 대비께서 슬피 우시는 것을 보고 달려들어 손을 내저

* 비변사(備邊司) 군대와 국가에 관한 일을 맡아 보던 관아.
* 교동(喬桐) 강화군에 있는 섬.
* 김예직(金禮直) 광해군의 외숙. 곧 공빈 김씨의 남동생.

으면서 곁에서 모시고 호위하는 사람더러,

"우지 마시게 하라."

하고, 두덜거리면서 곡을 하는 것은 말할 것도 없거니와 조금도 죽음을 슬퍼하는 모습이 없었다.

선왕의 시호를 올릴 때, 대비께서 말씀하시기를,

"임진왜란 때 나라를 다시 일으키신 공은 헤아릴 것도 없거니와, 임금의 조상인 이자춘의 이름이 잘못 기록된 것을 바로잡은 공은 더없이 크시므로, 나라를 창업하신 임금보다도 떨어지시리까? 시호를 대수롭게 여기지 마시고, 헤아려 하소서."

하시니, 오랫동안 생각하다가 여쭙기를,

"비록 공이 계시오나, 임진왜란으로 임금의 조상이 평안히 지내지 못하셨으니, 어찌 공이 계시다고 하겠습니까?"

하니, 대비께서 다시금 타일러 말씀하셨으나 듣지 아니할 뿐만 아니라, 대답하기를,

"종자*를 가지셔도 나을 것이 없을 것입니다."

하니, 그 불효함을 가히 알 수 있을 것이다.

예부터 임금의 어머니께서는 초상이 났을 때 능을 찾아가 참배하시는 예법이 있으므로 대비께서,

"가고 싶다."

하시자, 대답하기를,

"가시는 것이 불가합니다. 정말로 가고자 하시거든 소상* 때에나 가십시오."

하기에 겨우 기다리셨다가 또,

"가고 싶다."

* 종자(宗字) 죽은 임금에게 지어 주는 이름 중에서 가장 높은 것은 조자이고, 다음은 종자임.
* 소상(小祥) 사람이 죽은 지 한 돌 만에 지내는 제사.

하시자, 또 탈이 있음을 말하기를,

"조정이 심하게 막으니, 못 가십니다. 대상* 때에나 가십시오."

또, 그 때가 다다르니 대답하기를,

"이미 다 지나갔는데, 이제 가신다고 무슨 유익함이 있겠습니까? 옛날 왕후들이 가시는 것도 예법에 맞는 일이 아닙니다. 폐단이 있을 따름이요, 보살필 일이 없으니 단연코 못 가십니다."

하고, 말하였다.

삼 년을 두고 간절하고 지성스럽게 빌다가 못 하고, 달래다가 못 하시니, 그런 불쌍한 일이 없으셨다.

"혼전*에 나가고 싶다."

하시니, 그것도 여러 번 막거늘, 대비께서 내전에게 불쌍히 여기면서 비시니 대답하기를,

"본디 임금이 변통성이 없어서 그러하시니, 간청하여 가시게 하여 드리리다."

하더니, 내전의 명령으로 허락하였다.

대전이 내전에서 행여 진지를 잡수어도 정명 공주만 받들고 영창 대군은 받들지 않았다.

하루는 대군이 하도,

"대전 형님을 뵙고 싶어라."

하시기에 공주와 대군 두 아기씨를 문안하러 오실 때 앉혀 보이니,

"공주만 나오너라."

하여 만져 보고,

"정말 슬기롭고 민첩하니 어여쁘다."

하고, 대군은 본 체도 아니 하고 말도 아니 하니 어려워하시거늘, 대비

* 대상(大祥) 사람이 죽은 지 두 돌 만에 지내는 제사.
* 혼전(魂殿) 3년 동안 신위를 모시던 집.

께서 말씀하시기를,

"너도 나아가거라."

하시니, 일어나 대전 앞에 섰으나 본 체도 아니 하니, 대군이 나아가 우시면서,

"대전 형님이 누님만 어여쁘게 여기시고 나는 본 체도 아니 하시니, 나도 누님이나 될 것을 무엇 하러 사나이 되었던고."

하시고, 종일토록 우시니 보기에 불쌍하였다.

대전이 평상시에 늘 말하기를,

"내가 살아 있는 동안에는 열 명의 대군이 있더라도 두렵지 않거니와, 세자는 대군의 조카이니, 단종 때에도 조카를 해치고 임금의 자리에 올라선 일이 있으므로, 이런 일이 또다시 있을까 두려워하노라. 내가 기필코 대군을 없애고 세자를 편안하게 살게 하겠노라."

이렇듯이 말하는 소리를 들어왔기에 세자는 대군 보기를 싫어하여 두려운 것을 보듯이 하였다.

선왕께서 정미년(선조 40년) 시월부터 불편하셔서 세자인 광해군이 빈전 옆의 임시 거처에 와서 약시중을 들어 드렸는데, 선조 임금께서 세상을 떠나신 후에 말하기를,

"겨울에 찬 곳에 앉아 있었던 일이야 죽는다고 잊으랴!"

하였다.

대비께서 빈전에 오시어 슬프게 곡하기를 그치지 않으시자,

"이 울음 소리, 어디서 나나니?"

내시가 말하기를,

"자전*께서 우십니다."

"무슨 일로 저리 우시는고. 춘추가 많으시니 설워하시는 게 우습다.

* 자전(慈殿) 임금의 어머니.

사람이 항상 살아 있으랴. 듣기 싫다."

하니, 듣던 사람이 어이없게 여겨, 더러는 가만히 웃기도 하였다.

나랏일을 어찌나 처리하지 못하던지, 한 장의 문서도 친히 결정하지 못하여, 내전을 빈전 옆 여막 곁의 행랑방에 두고 밤낮으로 나랏일에 대해 물어 보고 결재하였다.

내전이 혹시 비변사의 회의실에 나가고 없을 적에는 나랏일을 처리하지 못하여 혼자서 쩔쩔매면서 종이와 칼을 놓지 못하고, 종이를 잘게 썰었다가 도로 붙이고, 칼을 도로 버텨서 세워 놓고서 뭐라고 중얼거렸는데, 혹시 내관이 소리나 하면 소리를 질러 꾸짖으니, 내시도 가까이 하지 못하며, 밖에서 하늘을 우러러 애를 태웠다.

명종 임금 때의 늙은 내시가 있었는데, 당돌하게 들어가서 아뢰기를,

"무슨 일로 화를 내시나이까? 임해군 형님도 남의 말을 듣고 벌써 들어와 계시고, 이 일은 어렵지 아니하나이다. 글을 배우신 지가 오래 되었으니, 슬기는 글에서 나오는 것입니다. 주상께서는 선왕의 아드님이시고, 들어와 계시는 집도 선왕의 집이며, 종이와 붓과 벼루가 다 선왕 것이니, 이만한 나랏일을 처리하지 못하셔서, 사람을 들어오라 하여 기다리게 하시고, 고요히 앉아 계시면서 칼과 종이를 가지고 무슨 일을 하십니까?"

하니, 부끄러워서 잠잠히 있었다.

이 말이 퍼져 나가자, 이 내시를 대군란이 일어났을 때 죽였다.

평상시에 유자신이 민망하게 생각하고, 날마다 때때로 가르쳤다.

"이제 아무개가 상소하려고 하니 이리이리 대답하시고, 다음에는 아무개가 범죄 사실을 적어 올리려고 하니 이리이리 대답하소서."

그리고 때때로 한문이나 한글로 써서 광주리며 소쿠리 안에 넣어 가지고 다니기도 하였다. 또, 혹시 문이 닫혀 있을 때에는, 동산 측간 근처에 담이 있어서, 그리로 사람이 다닐 수 있도록 작은 구멍을 뚫었으

나 그 구멍이 하도 커졌으므로, 밖에서 빤히 들여다보이지 않도록 안쪽만 가려 두고, 안팎에서 서로 묻고 대답하여 출납하기도 하였다. 하도 자주 드나들게 되자, 이번에는 종에게 담 밖에다 움막을 짓게 하여 거기서 살게 하고는, 밤이면 그 종으로 하여금 유자신에게 가서 알아 오게 하였다. 침실에는 비단으로 싼 광주리와 보자기로 싼 소쿠리가 데굴데굴 굴러 다녔다. 한 시녀를 늘 만나서 나랏일에 관한 대답을 알아 오라고 유자신에게 보냈는데, 날마다 나랏일이 들어오는 족족 써 보내느라고 밥 먹을 사이도 없게 되자, 서럽게 여기다가 한 번은 혼자말로,

"사나이로서 이만한 일을 처리하지 못하여 늘 남에게 묻고 다니는가? 우리 침실에는 고리짝하고 광주리가 어찌나 많은지 꽉 찼더라."

하고, 말하였다.

대전이 이 소리를 듣고 쫓아내고는 소문을 내기를,

"침실에 붙어 있지 않아 내쫓았다."

하고, 말하였다.

성질이 잔인하여 옛날에는 볼 수 없었던 행실을 하는데, 몽둥이로 사람을 치기도 하고, 채찍으로 치거나 더러는 석쇠로 치니,

"아이고 아파라!"

하고, 외치는 소리가 진동하여 들리고,

"대전 마마, 살려 주소서!"

하는 소리가 밖에까지 들렸다.

내수사*에 있는 물품을 이전의 관례를 따라 대비께서 들여다가 쓰시는 것을 보고 한때는,

"꿀을 받아다가 조금만 대비전에 가져다 드려라."

하니, 각 궁방의 일을 맡아 보던 이봉정이 아뢰기를,

* 내수사(內需司) 궁중에서 쓰는 물건에 관한 일을 맡아 보던 관아.

"하고 싶어서 하시는데, 누구라서 값을 쳐서 가져다 드리리까? 쓰실 때에 드리리이다."

하고, 말하였으나 아무 말이 없었다.

무신년(선조 41년) 초에는 가장 공경하는 체하여 말하기를,

"내가 소중히 여기어 공경하는 분은 자전이시니, 하시고 싶은 것이 있으면 다 말씀하소서."

하니, 대비께서는 감동하시고 고맙게 여기시어, 세자를 향하여 친자식같이 대답하시고, 대왕 마마께서 나랏일을 처리하시던 일과 어진 이름을 얻게 하고자 하시어 일일이 가르쳐 주시었다.

세자께서 영민하시니, 더욱더 어여쁘게 여기시어 사내아이에게 필요한 것을 문안을 오는 족족 주시니, 세자 양육을 맡아 보던 상궁인 옥환이는 손을 비비고 대비의 덕망을 축수하면서 말하기를,

"윗전이 아니시면 우리에게 무엇이 있을꼬. 올 때마다 주시니, 이 은덕은 하늘 같습니다."

하였다. 세자는 말하기를,

"아버님은 못 쓰는 종이 한 장도 아니 주니, 누굴 닮으셨는고? 종의 말을 듣지 않기로는 수레 끄는 소라고 한들 그렇게 질길까? 선왕 마마의 아들이나 누어 놓은 똥하고나 닮았을까? 똥을 누실 때에는 아침부터 앉으면, 겨울에는 오시*까지 누고, 문안을 드리려고 할 때에는 별스럽게 똥을 두세 번씩 누시느라고 기운이 다 빠져야만 들어오시니, 그런 애달픈 일이 어디 있을꼬. 아무 일이나 하려고 하시거든 기별을 하였거니 하고 가만히 계시지 마시고, 자꾸만 여러 번 시키시옵고, 한 번 들으신 일은 본디 듣지 않으시니, 저 수레 끄는 소 같사옵니다."

* 오시(午時) 오전 11시부터 오후 1시까지.

하므로 모두들,

"어찌 저런 말을 하시는고."

하자, 대답하기를,

"소 같거든 소라 하지 않으랴."

하였다.

처음으로 하는 말이어서 순순히 들어서 갸륵하다고 생각했는데, 점점 자라나 박대가 심하였다.

경술년(광해군 2년)과 신해년 사이에는 더욱더 불공스러움이 심하였다. 상궁 가히*와 점점 친하게 지내고, 내전은 소홀히 하다가도 나랏일을 결단할 때에는 내전을 시키니, 내전도 노하여 가지 않으면 친히 와서 데려가서 묻고, 더러는 내려와서도 물으니, 내전이 말하기를,

"이만한 일을 친히 처리하지 못하시는가? 이 후에는 나더러 묻지 마시오."

하였다.

대군을 두고 여러 가지로 의심한 후, 더욱더 위엄을 부리느라고 고기를 불기운만 쬐어 날고기를 많이 먹고, 밥은 죽처럼 해야만 먹고, 날고기를 즐기니 눈은 점점 더 붉어졌다. 산나물은 더럽다 하여 아니 먹었다. 아마도 고기만 자시고, 광어찜과 묽게 곤 엿을 좋아하였다.

마음 속은 흉악하고, 말은 실속이 없으니, 대비께서 밤낮으로 두려워하시어, 훗날에 선조의 사당을 저버릴까 여기시었다.

과연, 난을 일으키고 말았다.

나인을 향해서도 무신년 초에는 가장 후하게 하는 체하여,

"대비를 잘 모시어 평안하시니, 너희가 아니면 어찌 평안히 잘 지내시리."

* 가히 선조, 광해군 때의 흉악하고 교활한 상궁. 이름은 개시.

하시며, 침실 상궁이 갈 때마다 인사하고 상을 주더니, 신해년부터는 소홀히 하여 본 체도 아니 하고, 가면 밖에 세워 두기를 날이 기울도록 하고, 들어오라고 하련마는,

"무슨 일이 있어서 볼 수 없으니 가라."

하고, 말하였다.

한 늙은 상궁이 말하기를,

"선왕 마마는 웃전 나인이 가면, 머리를 빗으시다가도 머리털을 쥐시고 상궁을 침실에 들어오라고 하시어, 웃전의 문안을 물으시고, 세수하시다가도 들어오라고 하시어 문안을 물으셨사옵니다."

하자, 꾸짖어 말하기를,

"아무리 그렇기로서니, 나는 못 하노라. 한 달에 두 번씩 친히 가서 하는데, 나인을 불러 친히 물어 볼 것이 있으리. 내 마음대로 하면 그만이지, 그런 것조차 선왕을 본받으랴. 나는 내 법으로 할 것이니 다시는 그런 말 마라."

하니, 듣는 이가 다 어이없게 여기었다.

대전이 처음으로 능에 참배하러 가자, 옛날 재상들은 동구부터 통곡하려고 하다가 겨우 참고 가서, 주상이 우시거든 실컷 울어야겠다 하고 이제나저제나 하고 기다리고 있었으나, 주상이 능에 올라가 천천히 그냥 내려오자, 그 사이에 누가 가르쳐 주었던지, 내려온 후에야 예조판서더러,

"울랴, 말랴?"

의논하니,

"우셔야 옳사옵니다."

하므로, 올 때에야 우니, 그 소리를 듣고 유학자는,

"실성하여 통곡하였으니, 너무 울었다고 잘못 여기실지 모르겠다."

하고, 말하였다.

이렇듯 천성을 따르는 효성이 없어서, 완악하고 포악함이 심하니, 우리에게 향하여 어찌 또 지극하겠는가?

늙은 상궁을 가히가 만나 보고 하는 말이,

"대군의 보모 잘 있는가? 귀 밑에 패 달 날* 있으리. 김 상궁 잘 있는가? 약사발 붙들 날* 있으리."

하자, 듣는 사람이 하도 흉악하여 못 들은 체하고 왔다.

내전에서 진지를 들 때에, 내전은 양반이어서 혹시 잘 하라는 말이 있어도, 종들이 심하게 박대하여 길 가는 사람을 대하듯이 하였다.

신해년에 대궐을 옮기실 때, 대비께서 세자의 친영*하는 광경을 구경하려고 하신 일이 있었는데,

"다른 사람은 과거 보러 가는 친족이라도 홀연히 금지하므로, 윗전에 계시는 분은 나오지 마십시오."

하며, 후궁을 시켜 여쭙게 하니, 길한 일에 미안하게 여기시면서,

"친영하는 일을 당하여 기쁨을 이기지 못하여 보고자 하였는데, 그러면 못 하겠다."

하고, 보지 않으셨는데, 그 후에 말을 지어 내어,

"정이 없어서 보지 않으셨다."

하며,

"대궐 안에서 정중하게 벌이는 잔치도 탈상하신 지 오래 되지 않았으니, 무엇이 바쁘십니까. 천천히 하소서."

하였다.

뜻을 세워 시작을 해 두고도 택일을 항상 제 마음대로 당겼다 늦추었다 하며, 심지어 음식을 다 장만해 놓은 후에도 하기가 싫을 때면 날짜

* 귀 밑에 패 달 날 혹독한 형벌을 받을 날.
* 약사발 붙들 날 사약을 들고 죽을 날.
* 친영(親迎) 신랑이 신부 집에 가서 신부를 맞는 일.

를 늦춰 버리며, 조정의 명령을 내려서 알려 주는 외척과 내통하여 대비의 험담을 하고 싶은 대로 하였다.

나인인 은덕과 가히 등은 그 때부터 말하기를,

"하루나 곱게 사는가 두고 보자. 대군의 기물이나 수진궁*의 기물이 오지 않으랴. 우리에게 오리라."

이렇듯이 흉한 말을 늘 하고 있었다.

무신년에 선왕께서 승하하신 후에 여염집에서 요사스러운 말을 퍼뜨린 사람이 많으니, 외척과 혼인하는 집안이 되면 요사스러운 말이 퍼져서 전해질까 봐서,

"공주와 대군 등의 혼사는 덕망이 높은 사람으로 하되, 중전의 가문에서 골라서 하십시다."

하시니,

"조정 안의 세력을 믿는 백 명의 간교한 사람이 있다 한들 신이 믿으며, 선왕의 가르침을 잊겠습니까? 혼사는 그렇게 하겠습니다."

하고, 말하였다.

그런데 임자년(광해군 4년)에 김직재의 난이 일어났을 때, 글을 써서 붙인 일로 더욱더 화가 끓어올라,

"그런 놈들에게 거짓 자백을 받을 때는 아이라도 데려다가 증인으로 대라."

하고, 가르쳤다.

그 옥사가 지난 후에 조정의 어르신네며, 그 중에서도 심희수* 부원군께 가서 말하기를,

"'아이라도 대라' 고 할 때에는 등에서 식은땀이 흐르더니, 그 난리를 벗어나셨으니 복이 있으십니다."

* 수진궁(壽進宮) 왕대비나 대비가 사적인 창고로 쓰던 궁.
* 심희수(沈喜壽) 광해군 때 폐모론 등에 반대했음.

하고 말하였다.

이 때의 난리가 지나간 후부터 시기심이 심하게 일어나, 대궐 밖에서라도 점쟁이로 이름이 있는 이는 모두 불러다가 유자신의 집에 앉혀 두고, 제 뜻을 이룰 수 있는 운수와 우리 쪽의 액운을 실컷 확실하게 물어보고, 또 유희량*이 신경달에게 물으니, 그 장님이 말하기를,

"대군 되는 분이 할 만하다."

하니,

"남이 죽여도 안 죽으랴?"

하고, 다시 물으니,

"아무려나 죽이고 말겠다."

하였다.

임자년 겨울에 유자신의 아내 정씨가 대궐 안에 들어와서 딸과 사위와 함께 머리를 맞대고 사흘 동안 연달아 삼경*이 되도록 의논하고는, 계축년(광해군 5년) 정월 초사흗날부터 저주를 하기 시작하였다.

정씨는 흰 강아지의 배를 갈라 들여오고, 사람을 향해 화살을 쏘는 것처럼 그림을 그려 가지고 바깥 사람이 다니지 않는 곳에도 놓고, 대전이 주무시는 곳에도 놓으며, 담 너머 밑에도 놓고, 대전 책상 아래며 베개 밑에도 놓으며, 이렇게 하기를 사월까지 하였다.

그리고 소문을 퍼뜨리기는,

"임해군 때 유영경의 부인이 하던 일도 한다."

고 하면서 온갖 말로 이르기를,

"국무녀* 수련개*가 말하더라."

하고, 말하였다. 우리가 의심하지 못하게 하려는 수작이었다.

* 유희량(柳希亮) 광해군의 장인인 유자신의 아들.
* 삼경(三更) 밤 11시부터 오전 1시까지의 사이.
* 국무녀(國巫女) 나라의 굿을 하는 무녀.
* 수련개(水蓮介) 광해군 때의 국무녀. 나이 70세.

사월에 들어서자, 유자신이 이이첨, 박승종 등의 심복과 음모를 꾸며서 방자한 일을 저지른 사실을 적어 상소한 대목에 대해서 은도둑 박응서가 포도청에서 낱낱이 자기의 죄를 자백하자, 사형하기로 결정한 문서를 내놓고 다짐을 받아 결재를 내야 할 것인데도 불구하고 유, 박, 이 세 도둑이 포도 대장을 살살 달래고 꾀어서 죽이고, 죄수는 도로 가둬 놓고,

"이리이리 대답해라."

하고, 말할 내용을 서로 맞추어 놓으니, 그 도둑이 제가 살아나기 위하여 아무 근거도 없는 억측으로, 세 도둑이 시키는 대로 상소를 하였다.

사월 스무엿샛날 상소가 들어가자, 바로 정권을 뒤엎으려는 반역 행위를 관아에 고발하는 것이라는 소문을 퍼뜨리고, 도적놈 박응서에게 임금 앞에서 가르쳐 가면서 묻는 말이,

"네, 김 부원군(인목 대비의 아버지인 연흥 부원군 김제남) 집에 갔었지? 그렇다고 대답하면 살려 주겠다."

그러자 박응서가 대답하기를,

"사는 것은 중요한 일이나, 부원군은 모르는 일입니다."

"대군의 이름도 대라."

하고, 시키자,

"하나의 부원군이 무엇이 귀하여 묻지 않았다고 하겠습니까? 그 집은 대문도 모릅니다. 아무리 살려 주시겠다고 하시지만, 모르는 사람을 어찌 거들겠습니까? 대군도 우리 부원군을 올리라는 말씀이지만, 부원군도 알 바가 아닙니다. 남에게 애매한 말을 하겠습니까?"

하고, 대답하였다.

그러자 저의 어버이를 다 잡아다가 극형에 처하는데, 혹은 어미를 앉혀 놓고 아들을 치고, 아들을 앉혀 놓고 어미와 동생을 치는 등, 온갖 극형을 다하였다. 또, 서로 보여 주면서 치자, 참혹하고 불쌍한 소리로

서로 바라보면서 어미는,

"아들아, 거짓으로 죄를 지었다고 자백하여 날 살려 다오."

하면,

"아무리 어버이가 중하다고 하여 살리고자 한들 어찌 거짓말을 하겠습니까! 나도 섧긴 하지만, 남에게 미루고서 어디에다 발끝을 대고 살겠습니까?"

하며, 자식이 어버이를 보채면서,

"자식이 중하다고 하여 근거 없는 말을 내 어찌 간직하고 있겠습니까?"

하고, 말하였다.

이대로 생소하게 굴다가 서양갑*이는 어미가 극형을 당하여 죽은 후에 문사 낭청*이 섬돌 아래를 자주 오르내리면서 말하자, 그 후에는 남의 말을 하듯이,

"부원군도 압니다."

하니,

"네가 그 집에 가니까 어떻게 하더냐?"

하고, 묻자,

"가니까 술을 내어 먹입디다. 역모할 것이 틀림없습니다."

저는 법에 따라 사형을 당할 것이지만, 제 아비의 무덤을 파헤치는 일은 당하지 않도록 아들이 살려 내니, 그런 언약을 하느라고 귀에 대고 거짓 자백을 받아 냈다.

이 후에는 더욱더 아이와 어른을 극형하여 거짓 자백을 받아 내기에만 힘을 써서 큰 옥사를 일으켰으나, 나인 죽일 일을 어렵게 여겨 방자

* 서양갑(徐羊甲) 이이첨 등의 꾐에 빠져, 영창 대군을 옹립하려고 했다고 거짓 자백을 하여 계축 옥사가 일어났음.
* 문사 낭청(問事郎廳) 죄인을 신문할 때 기록과 낭독을 맡아 보던 임시 벼슬.

하는 술법을 내고자 하였으되, 마땅한 구실이 없어서 못 하였다.

어느 날, 박동량이 공을 세워 칭찬을 들으려고 거짓말로 유릉*에서 방자 사건이 일어났었다는 말을 하면서,

"무녀 중의 한 사람인 순창이 선왕께서 불편하셨을 적에 재앙이 내리도록 방자하였다는 말을 듣고 늘 설워하였으나, 고할 곳이 없어서 언제 원수를 갚을꼬 하였나이다."

하였다.

대개, 유릉 방자 사건은, 정미년에 선왕께서 불편하셨을 때, 어느 궁인인지 유릉 기슭에서 굿을 하였다는 말을 들었는데, 무신년(선조 41년) 여름에 법사에서 국무녀 수란개를 임금이 친히 신문하였다가 도로 애매하다고 하여 놓아 주었다고 한다.

나라에서는 수란개 외에는 잡무녀를 부리지 않는다는 것을 모든 사람이 다 안다는 말을 들었는데, 유자신이 박동량에게,

"이리이리하면 살려 주마."

하고, 달래자, 유자신의 뜻대로 온갖 거짓말을 꾸며 대어 우리 쪽에서,

"순창이를 시켜 하였다."

하여, 꼭 본 것처럼 모해를 했다.

이런 말을 곧이들으려고 하다가 그제야 단서를 잡아야 한다고 하면서, 유릉 방자도 하였으니, 우리 쪽의 방자도 이리이리하였다 하고, 오월 십팔일의 침실 상궁 김씨와 침실 시녀 여옥이와 대군의 보모 상궁 환이를 대전께서 부르신다는 문서를 써 가지고 와서,

"박동량의 초사*에 나와 있으니, 어서 내어 주소서."

하였다.

그 나인들이 하늘을 부르고 땅을 두드리는 바람에 궁중이 온통 진동

* 유릉(裕陵) 선조의 비 의인 왕후의 능.
* 초사(招辭) 죄인이 범죄 사실을 진술하는 일.

하고, 목놓아 우는 소리가 하늘을 찔렀다.

"박동량, 도적놈아! 우리들의 이름을 알기나 알더냐. 대비 마마와 무슨 원수를 졌더냐?"

하고, 외치는 소리가 진동하며,

"저기 가서 모진 형벌을 어찌 받으리! 목매어 죽어 버리겠다."

하고, 김 상궁과 유씨는 목을 매달았으나, 모두들 달려들어 끌러 주어 죽지 못하였다.

"여기서 죽으면 일을 저지르고 죽었다고 할 것이니 나가거라."

이럭저럭 세월이 지날 때, 그 설움이 어떠하였을까? 천지가 찢어지는 듯하며,

"마마, 죽으러 갑니다. 우리 쪽에서 무슨 일을 하였단 말인고? 지하에 가서 다시 뵙겠습니다."

하고, 말할 적에 그 마음들이 어떠하였을까?

박동량은 임진왜란 때 임금을 모시고 따라간 공신이요, 나라의 인척이 되어 선조 임금의 국상 때 능을 지키는 일을 맡게 된 은혜가 하늘 같고, 우리 대비께서는 유릉산의 일로 여러 신하 중에서도 각별히 끔찍하게 여기셨다.

평일에는 선왕으로부터 은혜를 입었다고 말하고, 부원군께는 각별히 공대하더니, 흉악하고 참혹한 꾀를 내어 그런 원통하기 짝이 없는 환난을 일으킬 빌미를 허다히 주었으니, 어찌 혈육으로서 할 일이겠는가?

그러기에 나인은,

"박동량아, 우리들 이름을 알기나 알더냐?"

하고, 외쳐 꾸짖었으니, 이 한이야 죽는다고 잊겠는가?

선왕으로 인해서 나라의 녹을 받아먹고 영예로운 벼슬과 지위에 앉게 된 은혜를 저버린 짓은 무지한 사람이라 한들 이렇게 심하겠는가?

그 중에서도 김 상궁은 열네 살 적에 선조 임금의 수레를 모시고 따

라가 잠시도 떠나지 아니하고 조정으로 돌아오시니, 몹시 힘들고 어렵게 선왕을 모시고 호위한 일로 보면 큰 공신이 되련마는, 나인이었던 까닭으로 반공신도 못 하였다. 그러나 궐내위장을 지내시고, 궁인 중에서도 선왕께서는 끔찍하게 여기셨다.

그런데 이 때, 우두머리를 만들어 잡아내니, 그 사람이 나가는 서문 안에 앉아서 말하기를,

"어느 나라인들 아비의 첩을 나장*이 잡아내니, 임금님도 사납거니와 신하도 사람다운 사람이 없구나. 이덕형, 이항복이 우두머리가 되어 여기에 앉아 있었으니, 임진왜란 때 임금의 수레를 모시고 따라간 신하 중에서 내 이름을 모를 사람이 없을 것이다. 평양을 지나 함경도로 깊이 들어갈 때, 나인을 내보내지 아니하자, 큰길을 가시다가 길에 머무시게 되면, 선전관을 보내어 우리를 찾아오게 하실 때는 몸이 커서 가르쳐 드릴 사람이 없었는데, 그 대전 마마의 아들이 임금이 되시어 오늘날 이런 욕을 볼 줄 알았더라면, 무신년의 임금님의 관 밑에서 죽는 게 나았을 것이다. 하루는, 하인이 닭을 잡으려고 집 위로 올라갔는데, 선왕께서는 부녀자가 거주하는 곳을 엿보는 도둑인 줄로 아시고 오셨으며, 후궁이 놀라서 뛰쳐나오자, 선왕께서는 내관에게 가시는 길에 작은 칼을 주시면서, '급한 일이 있거든 자결하라.' 하시니, 나인들은 각각 손에 칼을 쥐고 서서 가슴을 두근거리면서 기다리고 있었다. 그런 시절이 다 지나서, 내 임금님의 아들이 왕이 되어 오늘날 이런 욕을 볼 줄 어찌 알았을까? 의녀로 하여금 잡아내게 하지 아니 하고 나장으로 하여금 잡아내게 하니, 이런 욕은 내 몸에 당치 않다. 대왕께서 보살피시던 각시이므로, 녹을 자시는 이는 다들 아소서. 이제 이렇게 할 일입니까? 이런 식으로 임금을 속이면

* 나장(羅將) 죄인을 문초할 때 매질을 맡아 보던 하급 관원.

서로 망할 조짐이 됩니다."

이렇게 하여 해가 저물도록 대면하니, 죄인을 신문하여 진술을 받아 내려고 하다가 못 하였으며, 이런 말을 듣고 나서야 의녀를 정하였다.

옥중에서 이처럼 바른 말을 할까 봐서 속히 끌어내어 사약을 내리어 죽이고, 그 이하의 선왕을 가까이서 모시던 사람은 모두 다 잡아다가 사약을 먹여 죽였으며, 그 나머지 사람은 상궁에 이르기까지 무거운 형벌을 내리면서, 박동량이 신문받을 때 진술한 내용에 의해서 처벌한다고 말하고, 유월 십삼일에 열세 사람을 잡아들이라는 어명을 써 냈다.

시녀 계난이, 수사 학천이, 수모 언금이, 덕복이, 표금이, 보모 상궁 앙복이, 종 도서비, 고은이, 김 상궁의 종 보로미, 보삭이, 대군의 보모 상궁 예환이, 수모 향개 등을, 도사와 나장과 당번 내관 이덕상이 와서,

"어서 내놔라."

하고, 독촉하니, 목놓아 우는 소리가 천지에 진동하였다. 새로이 망극하여 궁중이 진동하니 통곡하면서,

"박동량을 알기나 안단 말입니까? 어찌 우리를 이렇게 슬프게 하는고! 죽어서 원혼이 되어도 박동량은 잊지 못할 것입니다. 마마께서는 애매하신 일을 남에게 억울하게 당하고 계시니, 끝내 쉽게 죽는다 한들 무슨 한이 있겠습니까마는, 마마께서는 부디 오래 사시고, 우리는 이렇게 죽으니, 이 원수를 부디 잊지 마소서. 죽으러 갑니다."

그 중에서도 향개는 병이 들어 나가고 없는데, 두고서도 속이고 내놓지 않는다 하고, 의녀 대여섯이 와서 공주와 대군이 계시는 침실에 들어와 샅샅이 뒤져도 아무 데도 없자, 또 들어와서,

"어서 내놔라."

하고, 독촉하여 보채니, 사람이 발이 땅에 닿지 않을 정도로 아주 급하게 나와서,

"평일에 병이 들어 궁 밖으로 나갔습니다."

하여도 연달아 자꾸만 와서,

"어서 내놔라. 내놓지 않거든 감찰 상궁을 하옥하겠다."

하였다.

의녀가 예닐곱이나 흩어져 궁중에 있고, 공주와 대군은 하도 두려워하시고, 대비께서는 거적의를 입으시고 엎드려 계시면서,

"없는 나인을 내라 하니, 이렇듯 핍박하듯이 보채는고. 와 있는 내관더러 내가 몸소 말하겠다."

하시고, 말씀하시니 내관이 말하기를,

"나가고 없다 합니다."

사뢰니,

"거짓말이니 어서 가서 샅샅이 뒤져서 찾아 내라."

하시니,

"마음대로 못 합니다."

하였다.

의녀가 말하기를,

"침실이라도 뒤지라 하시니, 다 뒤져서 찾아 내겠습니다."

하거늘, 나인이 주먹으로 쳐서 물리치고,

"네 아무리 한들 어느 곳이라고 이리 행실 없이 구느냐?"

하고, 꾸짖으니,

"우리도 살려고 하는 짓이네."

하고, 다 들어가니, 두 아기씨는 대비를 의지하여 한쪽에 하나씩 포대기 밑에 엎드려 숨을 겨우 쉬면서 우시니, 보기가 참담하고, 가슴이 미어지는 듯하여, 차마 바라볼 수 없었다.

이튿날, 감찰 상궁 둘을 다 잡아가고, 유월 이십팔일에는 대군의 유모가 넷이라고 소명장을 써 와서,

"이 수대로 다 내놔라."

하자,

"아기씨 자라나서 유모는 다 나가고 없습니다."

하자,

"공연히 그러지 말고 어서 내놔라."

하고, 보채더니, 궁 밖으로 나가서 잡아다가 칠월에 수사 명환이, 수모 신옥이, 표금이 등, 여남은 명의 하인을 잡아갔다. 궁인 서른 남짓 되는 사람이 한 명도 거짓 자백을 아니 하고 죽으니, 방정한 일이 허사가 될까 민망하게 여기어 나인의 종 중에서 나이가 열다섯쯤 되는 아이를 데려다가 좋은 음식을 먹이고는,

"살려 줄 것이니, 이리이리 대답하라."

하고, 달래었다.

남의 죽는 모습을 보고 무슨 충성으로 살기를 바라며, 죽을 곳으로 가려고 하겠는가? 시키는 대로 대답하니, 그제야 방정한 일을 자백하였다고 말하고는, 평소에 유자신의 집에서 사귀어 지내는 눈먼 여자 고성이를 후하게 사귀어 데려다가 온갖 말을 일러 두고, 제 종도 모두 다 데려다가 온갖 말을 일러 두고,

"이것이 대군을 부축하는 곁나인이요, 나는 대군을 모시는 보모 상궁이다. 대전과 동궁의 팔자는 어떠하며, 운수는 어떠하냐? 갑진생이 병오생을 위하여 을해생과 무술생을 해치려고 하는데, 이루겠느냐 못 이루겠느냐?"

하고, 방정을 하더니,

"득이 되겠느냐, 득이 되지 못하겠느냐?"

하고는, 온갖 방법으로 방정하는 짐승 이름을 들려 주었으며,

"이리이리 하노라."

하고, 아무 날로 방정할 날짜를 정하여 말하더니,

"길흉이 어떠하냐?"

하며,

"이것이 대군을 곁에서 모시는 나인이요, 나는 대군의 유모이다."

하여, 이 말을 잊어버리지 않게 귀에 익도록 들려 두었다가 잡아들여 잘 대접하면서 물어 보니, 마침 전에 제가 듣던 말이어서 대답하자, 고성이 자백하였다고 말하면서 고성이더러,

"오윤남이가 너에게 길흉을 점친 일이 있었느냐?"

"오윤남이는 들어 보지도 못한 이름이고, 임 별좌라는 사람이 다녀갔습니다."

하고,

"대군의 팔자가 어떠하냐고 점을 쳤습니다."

"네가 잘못 알았다. 임 별좌가 아니라 오윤남이를 별좌라 하니, 오 별좌일 것이다."

하니,

"없었소이다. 오가가 아니라, 임 별좌라 했습니다."

다시금 우기기를,

"임 별좌라는 사람은 없다. 네가 몰라서 그렇지, 오 별좌니라."

하고 우겼다.

오윤남이 거짓 자백을 하지 않고 당하에서 죽자, 아들 열두 살 먹은 것을 위력으로 살살 달래어 시키는 대로 대답하게 하였으나,

"모른다."

하고, 대답하는 것을,

"점을 쳤다고 말만 하면 살려 주마."

하고, 살살 달래고 잘 대접하여 물으니,

"과연 점을 쳤습니다."

하고, 대답하였다.

그러자 오윤남의 아들이 자백하였다고 말을 퍼뜨렸다. 정말로 자백

하였다면 죽여야 마땅하거늘, 오히려 살려 주겠다고 언약하였다.

대개, 살인 도적 사건이 일어나면, 이 같은 간교한 꾀를 짜내어, 쌀을 자루에 넣어 메고 벼슬이나 문벌이 높은 사람들의 집을 찾아다니면서,

"대비전에서 대전과 동궁을 죽이려고 방정한 일을 한 지가 석 달째가 된다. 하도 민망하여 영검한 무당을 만나 점을 치려고 하는데, 여기에 무당이 있는가?"

하고, 두루 돌아다녔다.

그렇게 하는 것은, '일이 저렇게 되어 가므로 민망하여 점을 치려고 하는구나.' 하고, 이렇게 알게 되어야만 이 옥사를 옳다고 인정하게 할 수 있기 때문이다.

흰 강아지의 배를 타서 들여놓는 일은 유자신의 아내가 하였는데, 동글납작한 작은 버들고리에 담아서 들여놓았다.

살인 도적의 일*을 빌미삼아 부원군이 잡혀가서 갇혔다는 말을 들으시고, 대비께서는 뜰에 있는 얇고 넓적한 돌에 머리를 부딪치시고,

"대군 때문에 이런 화가 부모와 동생에게 미치니, 어찌 차마 듣고만 있겠습니까? 내 머리털을 베어 죄가 없으심을 표하겠으니, 대군을 데려다가 아무렇게나 처치하고, 아버님과 동생을 놓아 주십시오."

하시며,

"자식으로 인하여 어버이께 화가 미치는 일을 차마 살아서는 못 보겠습니다."

하시니, 그 말씀에 대해 대답하기를,

"어찌 이런 말을 하시는지요? 임해군을 잘 대접하여 주었지만, 제가 병이 나서 죽었는데도 형을 살해하였다는 말과, 선왕의 약밥에 독약을 타서 돌아가시게 하고, 선조의 궁인을 알지도 못하는데 광해군이

* 살인 도적의 일 조령에서 박응서, 서양갑 등이 은 상인을 죽이고 금품을 강탈한 일.

아버지를 죽이고 형을 죽였다는 말과 손위 여자와 간통하였다는 말을 대비의 궁중에서 퍼뜨렸으니, 이 원수는 한 하늘 아래서는 같이 살 수 없는 원수입니다. 글월 보내지 마십시오. 어린 대군이야 뭘 알겠습니까?"

하였다.

유자신의 아내에게 편지를 보내어 사정하면서 비시니 회답하기를,

"서양갑의 아비나 박응서의 아비가 다 서인이어서 김제남과 한 편 사람인데 어찌 모른다고 하십니까? 애매하다고 하지 않으시니, 다시는 말을 붙이지 마옵소서."

두 곳에서 다 같이 이렇게 말하니, 아비를 죽이고, 왕가의 윗 항렬되는 여자와 간통하였다는 말은, 우리 쪽에서는 듣지 못하였다. 그런데 막상 이 말을 듣고 문득 깨닫고 보니, 그 날 약인지 물인지 잡수시고 즉시 구역질하시고 위급해지셨으므로, 가까이서 모시는 사람들이 모두 다 제 심복들이어서, 독을 넣었다는 말이 조금도 이상하지 아니하였다.

손위 사람과 간통했다는 것도 선조를 가까이 모시던 숙진이가 가히의 일가친척이어서, 늘 은근히 대하였다고 하니, 그렇게 하였을 때에는 간통한 것이 이상하지 아니했다. 그리고 형을 죽였다는 말만 하더라도, 형을 하늘도 보지 못하게 가시 울타리를 친 성 속에 가두어 두고 된장덩이와 보리밥을 드리더니, 당나라 장수가 온다고 하자, 제 심복 되는 의원을 보내어 술과 안주를 가져다 드리고는 억지로 독주를 먹이게 하고, 온돌방에 불을 때어 펄펄 끓도록 달궈 놓고 그 안으로 들어가게 하여 쇠를 잠그고 나오니, 가슴을 파헤치고 쥐어뜯어 피가 흐른 자국이 있었다 한다.

그 때에는 임시로 임명한 하인들까지도 들어가 구경하는 것을 금하지 아니하여 서로들 말을 주고받았으니, 누가 그 사실을 모를 것인가? 그렇게 하고서도 대비께서 소문을 퍼뜨렸다고 하였다.

이렇게 말을 하고 난 다음에는, 오월 초닷샛날, 차비문*에 수많은 군사를 배치하여 둘러싸고는 밤낮으로 목탁 치는 소리가 진동하게 하였다. 그렇지 않아도 밤낮으로 몸부림을 치시며 까무러칠 듯이 서러워하고 계시는 판에 목탁 소리가 진동하도록 마구 쳐댔으니, 까무러치듯이 놀라신 적도 있었다.

이렇게 일을 저질러 놓은 후에는, 죄가 없음을 스스로 변명하기 위해서 글을 올리실 일은 굳게 막아 버리고, 온갖 일을 일부러 꾸며 내느라고 어린 놈 응벽*이에게 극형을 가하면서 살살 달래어 물으니,

"그런 방정한 일을 하라고 하여 목릉에 가서 흙도 팠습니다. 궁중의 도제조가 왔는데, 밤이면 수문장에게 말하고 들어갔습니다."

하고, 대답하였다.

그런 죄수의 말을 곧이듣고 목릉으로 데리고 가서 제사도 지내지 아니하고 상석 밑을 석 자나 파 보았으나 아무것도 없으므로, 두어 곳만 파 보고, 또 유릉에 올라가 파 보았다고 한다.

지극히 무지한 하인일지라도 어버이 무덤의 흙을 파헤치려면, 사당에 가서 그 연유를 아뢰고 마음아파하는 법이거늘, 하늘에 계시는 영혼을 놀라게 하는고. 그 무거운 형벌인 핏덩이를 끌어담아 나장이며 군사에게 메고 가서 궁중으로 들여가 침전의 행랑채에 놓게 하였다.

그러자 나인들은 늙으나 젊으나 하도 두려워서 마루 밑에 숨으면서, 저희들을 잡으러 왔는가 싶어서 허둥거리며 헤매는 모습을 어찌 표현하여 기록할 것인가?

내전에서는 날마다 글월을 보내어 위협하면서 심하게 보채기를,

"너희 나인들이 다 알고 있을 것이로되, 몇 사람만 끌어내어 죽였다. 이제, 변 상궁과 문 상궁이 분명히 알고 있을 일이니, 변과 문 중의

* 차비문(差備門) 임금님이 평소에 거처하던 궁전인 편전의 앞문.
* 응벽(應壁) 광해군 때의 나인.

하나를 속히 내보내라."
하고, 보챘으나, 할 일을 정당하게 한다 하더라도 그 끝을 감당하기 어려운 판에 둘 중 하나를 달라고 한들 누구를 내주시겠는가?

대답하여 말씀하시기를,

"사람이 세상을 살아가면서 어진 일을 하여도 복을 얻지 못할까 두려워하는데, 사특한 일을 하고서 어찌 복이 오리라고 믿겠는가? 이 또한 하늘의 운수여서 서러움이 태산 같지만, 죽지 못함을 괴이하게 여깁니다. 밤낮으로 눈앞을 떠나지 아니하던 종을 잡아내어 가고, 행여 남아 있는 종이 있거든 마저 내라고 하는데, 갑자생 중의 하나를 내어 주면 신문하고 죽일 것이라 하니, 나는 잘못한 일이 없는 터에 어찌 나만 살겠다고 내어 주겠습니까? 여편네들이 앉아서 대전의 얼굴에 똥을 버리는 짓을 하지 마십시오."
하니, 그 후에는 갑자생 달라는 말을 하지 않았다.

또, 말하기를,

"박자흥*이 이제 막 사돈이 되었을 때 대전께 무엇을 바쳤기에 우리 대전께서 답례품으로 베개를 주시었다. 이 때 말하기를, '베개 속에 방정을 하였는데, 그 베개를 베면 베개 속에서 병아리 소리가 나기에 뜯어 보니, 잡뼈와 떨어져 나온 널조각이 들어 있었다고 한다. 이것이 할 짓인가 하고 말하고, 갑자생이나 침실 갑자생 중의 하나가 하였다 하니, 이런 생각지도 못할 꾀를 내어 나인들을 마저 죽이려고 하니, 천지간에 이런 샷되고* 흉악한 사람이 어디 있겠는가?"

대군이 대궐 안에 계시는 일을 민망히 여겨, 만대에 걸쳐 농락을 당할까 두려워서 가장 어진 체하면서 말하기를,

"조정이 대군을 속히 내놓으라고 날마다 보챘으나, 어린아이가 무엇

---

* 박자흥(朴自興) 영의정 박승종의 아들. 그의 딸이 광해군의 세자빈이 됨.
* 샷되다 보기에 하는 짓이 떳떳하지 못하고 나쁘다.

을 알랴 하여 듣지 않았거니와, 도적을 사귀어 역모를 꾸미고, 방정을 하여 큰 난리가 났으니, 이제 뉘 탓이라 하는가?"
하였다.
이렇게 말한 지 오래 되지 않았을 때, 내관을 시켜 말을 전하기를,
"대군을 내놓으라고 보채어도 듣지 않으려고 굳게 고집하였는데, 조정의 노여움을 조금이나마 풀어 드리려고 잔치 자리에 나와서 보려고 하니, 잠깐만 문 밖에 내보내어 노여움을 풀게 하여 주십시오."
말이 매우 흉측하므로, 대비께서는 차마 들어 줄 수 없으시고, 가까이 모시는 사람들도 마음이 새로이 산란해져서 간장이 조마조마하고 애가 탔다.
대답하지 않을 수도 없어서 대답하시기를,
"천지간에 있을 수 없는 큰 변란을 만나 아버님과 맏동생을 죽이셨으니, 내 자식의 일로 어버이께 큰 불효가 되었으므로, 천지간에 용납되지 못할 줄 알지만, 대군이 자라난 것이면 자식을 내어 주고 어버이와 동생을 살려 달라고 하는 것이 옳을 것이로되, 당장에 내 슬하를 떠나지 못하고, 칠팔 세 아이여서 동서도 분간 못 하니, 그러기에 당초에 대군을 데려다가 종을 삼아 제 나이를 마치게 하시고, 아버님과 동생을 살려 달라 하여 내 머리털을 친히 베어 친필로 글월을 써서 보냈더니 받지 아니하고는 어찌 이런 말을 하십니까? 어린아이가 알 바 아니고, 어른의 죄가 아이에게 미치게 할 수 있겠습니까?"
하시자, 대답하기를,
"선왕이 어여삐 여기라고 하신 가르침도 계시오니, 대군에 대해서는 의심하지 마소서. 머리털은 두지 못할 것이므로 도로 돌려드립니다."
하였기에,
"아버님께서 돌아가신 일은 간장을 베어 내는 듯하고, 나라의 법이 중하여 내 마음대로 살려 내지 못하였으나, 이 아이는 선왕의 유복자

이므로 생각하여 주심이 계실까 하였더니, 새로이 그런 말을 하시니, 앞뒤의 말이 다름을 설워합니다. 어린아이를 어디에 가두시렵니까? 내가 품안에 안고 함께 죽을지언정 내보내기는 차마 못 하겠습니다."

하시니, 또 글월을 써서 보내기를,

'아무려면 아이가 알 것이라고 하겠으며, 문 밖으로 거처하는 곳을 옮기는 일도 예로부터 있었으니, 이번 일도 그런 줄로 아시고 내보내 주십시오. 조정이 하도 보채므로, 마음을 좀 누그러지게 하려고 하는 일이니, 해로운 일이 있을까 근심하지 마십시오.'

하였거늘, 대답하시기를,

"나를 보아서 그러시는 것이 아니라, 대전도 선왕의 아드님이시고 대군도 아들이니, 인정으로 보아 차마 해함이 계시겠습니까? 다만 대군이 열 살이 못 되어서, 대전이 아시듯이 한 번도 밖으로 거처를 옮긴 적도 없으니, 어린것을 어디다가 두겠습니까? 대전이 신하들의 마음을 누르시기에 달려 있으니, 선왕을 생각하시어 인정을 베풀어 살펴보십시오."

하니, 또 대답하기를,

"문 밖으로 내보내소서 해 놓고 멀리 보내는 두 마음을 품겠습니까? 이 서문* 밖에 궐내에서 가까운 곳에 벌써 집을 잡아 놓았으니, 오히려 궐내에 두고서는 조정이 노상 보채어 없애 버리라고 날마다 서너 달 동안을 보채지 아니하는 날이 없습니다. 내가 비록 듣지 않고자 하나 조정이 요란하므로, 문 밖으로 내보내어 그들의 마음을 시원하게 하여 주는 것이 좋은 일입니다. 대군을 어련히 알아서 보살피지 않겠습니까? 거짓말이 되지 않을 것입니다. 백 번 믿어 주시고 내보내십시오. 좋도록 하겠습니다."

---

* 서문(西門) 죄인이나 시체를 내보내던 문.

하였기에, 또 대답하시기를,

"여러 번 이렇게 말씀하시니, 서러운 중에도 더욱 망극합니다. 선왕을 생각하고, 옛날에 국모라고 하시던 일을 생각하시니 감격합니다만, 다시금 대전도 생각하여 보시오. 사람이 자식을 많이 두고도 하나같이 귀하게 여기는데, 나는 두 어린아이를 두고 있을 때 선왕께서 돌아가셨으니, 그 때 죽을 일이로되 살아 있는 것은 어린아이를 인정상 차마 버리고 죽지 못하여 목숨이 붙어 있다가 오늘날 또 이런 일을 봅니다. 그것은 대왕을 위하여 죽지 아니하고 살아 온 죄입니다. 죽으면 죽었지, 차마 혼자서는 내보내고 어찌 살 수 있겠습니까? 나와 함께 보낸다면 같이 나가겠습니다."

하시니, 또 말하기를,

"그 말씀은 옳지 못하십니다. 대군이 대궐 안에 있으면 오히려 조정이 노하여 죽여 버리라고 할 것입니다. 나는 대비전을 보나 대군을 보나 좋은 일을 보고자 하여 하는 일인데, 마침내 이렇듯이 하지 않으시면 나도 내 마음으로 어쩌지 못하여 조정이 하는 대로 하겠습니다. 이제라도 내보내시면 살게 해 주겠습니다만, 이렇게 가로막고 내보내 주지 않으시면 살지 못할 것입니다."

하도 위협하므로, 가까이 모시고 있는 사람들이 모두들 여쭙기를,

"처음부터 흉측한 마음을 품고 온갖 말을 다하여 여러 번 말씀을 하시니, 마침내 이기실 가망이 없으실 테니, 좋을 대로 대답하십시오."

하니,

"내 차마 어린아이를 내보낼 수 있겠느냐? 당초에 이런 일이 있을까 하여 내가 먼저 죽으려 하였는데, 늙은 나인들이 하도 설워하면서 내가 죽으면 나인을 하나도 살려 두지 않을 것이니, 오래 살아온 나인도 불쌍히 여기라고 하기에 설움을 참고 살았느니라. 아버님과 동생을 죽였다는 말을 듣고도 지금까지 살아 있는데, 또 어찌 대군을 내

주고 누구를 믿고 살 길이 있겠느냐? 빌어 보아도 들어 줄 사람이 없고, 내보내자 하니 차마 못 할 일이니, 천지간에 이 설움이 어디 있으리오? 나는 결단을 내릴 만한 말을 차마 못 하겠노라."

하셨다.

그 사이에 나인에게 글월을 써서 보내기를,

'너희 대비전을 가까이 모시고 보호하여 온갖 술책을 다 쓰다가 일이 탄로났는데, 뉘 탓이라 하면서 이제 대군을 내주지 않는 것이냐?'

하였다.

나인들은 의기가 꺾여 대비께 여쭙기를,

"온갖 흉측한 마음을 한 해 남짓이나 품고 있다가, 이제 큰 난리를 꾸며 내어 내외 가문이며 나인들을 다 잡아다가 죽였는데, 또 대군을 내보내라고 하니, 망극하기가 한이 없으심이야 어디다가 하소연하시겠습니까? 하지만 하늘이 무슨 허물을 보셨기에 이런 애매한 일을 당하게 하고서도 보살핌이 없어서 나날이 망극한 말을 적어 보내니, 이기지 못하실 것입니다. '문 밖에만 내보내 주소서.' 할 때 내보내 주소서. 범은 만나더라도 어찌할 도리가 있지만, 이 범은 피하기가 어렵습니다. 속히 허락하시어 사람의 목숨을 보전하게 하십시오."

하자, 대비께서는 더욱 애통하고 망극하심을 이기지 못하시니, 그 마음을 어디에 비교할 것인가?

또, 내관을 시켜 전하기를,

"어서 내보내십시오. 더디 내보내면 그 죄가 더 커질 것입니다."

하였다.

그제야 대비께서는 더 이상 버티지 못하실 줄 아시고 대답하여 글월을 써 보내시기를,

'대군을 잘 있게 하시겠다고 여러 날 글을 써서 부치시고, 내전에서도 속이지 아니 하겠다고 극진히 적어 보내셨으니, 나의 설움을 어디

에 비교하여 말씀을 하겠습니까? 하지만 대군을 선왕의 유복자라 생각하시어 타고난 제 수명을 안전하게 보전하여 살게 하시겠다고 거듭거듭 말씀하시니, 이 말을 징표로 삼아 내보내겠습니다. 아버님과 동생을 죽게 하였으니, 내가 슬프다 하여 이리저리 따져서 말하겠습니까? 이제 둘째 동생과 어린 동생이 살았다고 하니, 마침내 이 두 동생이나 살게 하여 주시면 대군을 내보내리다. 섧게 죽은 중에서나마 후손의 대나 끊어지지 않게 하여 주시기를 빕니다.'

하시니, 그제야 기뻐하며 대답하기를,

"이 두 동생일랑은 잘 살게 하겠습니다. 대군을 속히 내보내 주소서. 종이며 세간 들을 궐내에 있던 대로 갖추어 보내시고, 조금도 다른 길로 내갈 마음일랑 먹지 마십시오. 병이 나서 거처를 옮기는 것보다도 편하고 좋을 것입니다. 날마다 안부를 전하는 사람도 왕래하게 하겠습니다. 먹을 것도 보내소서. 하시는 대로 보내시고, 하고자 하시는 일도 다 들어 드리지요."

하고, 적어 보냈다.

이렇게 해 놓은 다음, 이튿날 나이가 젊고 기운이 좋은 내관 여남은 명이 안으로 들어와 샛문을 열어 주자, 장정 나인들, 감찰 상궁 애옥이, 꽃향이, 은덕이, 갑이, 색장* 하인 셋, 무수리 둘, 젊은 나인 예닐곱 명이 넘어왔다.

우리 쪽의 나인들은 어찌나 두려운지 구석구석으로 들어가 숨어 있었는데, 그녀들이 들어와서 침실에 올라앉으면서 말하기를,

"무엇이 모자라며 무엇이 나빠서 이런 일을 하셨는고? 대군 곁에 천이 없던가, 명례궁*에 천이 없던가? 대비라는 칭호도 바치시고 대군을 살리시려고 하였으면 그만인 것을, 어찌하여 이런 역모를 꾸미셨

* 색장(色掌) 궁중에서 편지를 전하는 일을 맡아 보던 나인.
* 명례궁(明禮宮) 오늘날의 덕수궁.

을꼬? 어린아이가 무엇을 알까마는, 저질렀으면 저질렀지 뉘 탓이라 한단 말인가? 어서 내보내시오."

하고, 말이 흉악하고 포악하므로, 사람이 차마 어찌 들으랴. 말이 나오지 아니하여 잠자코 있으니까, 저희들이 또 꾸짖고 말하기를,

"곧은말을 들었으니, 입이 있어도 대답할 말이 있어야 대답을 하지. 여러 말을 안 하시니, 더욱더 우리가 옳다. 너희 나인들이 대군을 속히 나오시게 하여야만 망정이지, 행여라도 더디게 내보내면 너희 나인네들이 몰살당할 것이니 그리 알라."

하였다.

대비께서는 까무러쳐 죽어 계시다가 정신을 차리시어, 곁에서 부축하는 나인 우두머리 너덧 사람을 들어오라 하시어 말씀하시기를,

"너희도 사람이니, 설마 나의 애매하고 설워하는 줄을 모르겠느냐? 내가 무신년에 죽지 아니하고 살았던 것은, 대전이 선왕의 왕자시기에 두 어린 아이를 의탁하여 편안히 살게 해 줄까 하였더니, 여러 해를 두고 하루도 편할 날이 없이 백 가지로 근심하여 살아 왔다. 그런데 흉한 도적이 생긴 후로 천지간에 용납하지 못할 대역을 저질렀다는 말을 나에게 뒤집어씌우니, 하늘이 무심하시어 이렇게 애매한 줄을 말하지 아니 하니, 무슨 말을 하리요. 이제 나를 아무 힘도 없는 사람이라 여기고, 밖으로는 아버님과 동생을 없애 버렸고, 안으로는 가까이 모시고 있던 나인을 다 잡아다가 죽였다. 그래서 이 어린것의 몸에는 죄가 미칠 일이 아니라고 생각하건만, 또 대군을 내놓으라고 하니, 저희 앞에서 당장 죽어 보여서, 차라리 이런 망극하고 설운 말을 듣고 싶지 않되, 대전의 말과 내전의 말이 내 귀에 남아 있고, 나인이 증인이 되었으니, 임금이 설마 국모를 속일 리가 있겠느냐? 범인에게 비할 바가 아니라고 여러 번 틀림없는 말이 있었으므로, 백 번 믿고 대군을 내보내려 한다. 두 젊은 동생을 놓아 주시어 어머님

을 모시고 선조의 제사나 이어가게 하여 주신다면 대군을 내보내려 한다. 이 말을 대전과 내전께 전하라."

하시고, 애통해하시니, 사람이 차마 어찌 들을 수 있으리요마는, 그년들은 험한 말을 거침없이 하기를,

"이렇게까지 말씀하지 않으셔도 대전께서 어련히 알아서 하시겠습니까? 속히 내보내소서."

하였다.

차마 내보내지 못하시어 한없이 통곡하시니, 두 아기씨도 곁에서 우시는데, 대비께서 말씀하시기를,

"하늘아, 내가 무슨 죄를 지었기에 하늘이 이다지도 섧게 하시는가!"

하시고, 하도 슬프게 우시니, 비록 철석 같은 마음인들 어찌 눈물이 나오지 않으리요마는, 장정 나인들이 틈틈이 앉아서,

"너희들의 울음 소리가 들리면 대군을 내주지 않으실 것이니, 좋은 낯으로 어서어서 들어가 여쭈어야 망정이지 행여나 서러운 낯으로 가면 다 죽게 할 것이다."

하고, 위협하자 각각 눈물을 감추고 들어가 여쭙기를,

"벌써 범에게 잡혀 들어가 범의 굴에서 벗어나지 못할 지경이 되었습니다. 병환 중이신 친정 어머님께서 지금까지 살아 계시는 것은 대비전을 굳게 믿고 살아 계시는 것이요, 부원군의 뼈도 잘 간수하지 못하고 계실 것입니다. 그러니 두 오라버님이나 살려 주시어 제사나 잇게 하시고, 설움을 잠시 참으시고 내보내소서."

날은 저물어 가고, 어서 내놓으라고 연달아 재촉하였다. 또 안에서는 나인이 나와서 재촉하니, 하늘을 깨뜨릴 힘이 있다 한들 어찌 그 때 이길 수 있을 것인가? 잠시 동안에 더 늦어지자, 대비를 모시고 있는 우리쪽 사람들 하나하나를 향해 꾸짖으면서,

"너희들이 이렇게는 못 할 것이니, 우리가 들어가 대군을 빼앗아 데

리고 나오겠다. 너희들 중 하나나 살 수 있을 성싶으냐?"
하고, 달려 들어가려고 하자, 어른 변 상궁이 다시 들어가 여쭙기를,
"안팎으로 장정들을 보내 놓았는데, 밖에는 의금부의 하인이 쇠사슬을 손에 든 채 에워싸고 있고, 나인들을 데려가려고 의녀들이 대령하고 있습니다. 우리가 죽는 것은 쉽지 않으나, 대비 마마께서 믿으실 사람이 없어서 이 늙은 것을 믿고 계시고, 소신도 대비 마마를 믿고, 실 같으신 옥체에 행여 불행한 일이 닥치더라도 살아 있다가 정으로 모시고 있기를 바라고 죽지 않고 살아왔습니다. 대군 아기씨를 이렇게 내보내 주시니, 이제야 신이 죽을 곳을 알았습니다."
하니, 대비께서 말씀하시기를,
"너희들은 나인인 까닭으로 자식의 정을 모른다. 인정상 차마 내보내지 못하겠다."
하시었다.
한편, 대군을 모시고 있는 나인들이 대군 아기씨를 달래어,
"사나흘만 요양하러 나갔다가 올 것이니, 버선 신고 웃옷 입고 나를 따라 나갑시다."
하니, 말하기를,
"죄인이라 하여 죄인 드나드는 문으로 데리고 나가라 하니, 죄인이 버선 신고 웃옷 입은들 아무 소용 없다."
하시거늘,
"누가 그렇게 말하던가요?"
대답하기를,
"남이 말해 줘야 아는가? 내가 다 알았네. 서소문은 죄인이나 드나드는 문이다. 나도 죄인이라 하여 그 문 밖에다 가두려 한다. 나하고 누님하고 같이 가면 가겠지만, 내 혼자서는 못 간다."
하시니, 대비께서는 더욱더 천지가 꺼지도록 애통해하시어 우시었다.

"어서 내보내라."
하고, 재촉하면서,
"내주지 않거든 나인을 다 잡아 내라."
하고, 겹겹으로 사람을 부리었다.

날은 저물어 가는데, 하도 민망하여 힐난하다 못하여 대비는 정 상궁이 업고, 공주 아기씨는 주 상궁이 업고, 대군 아기씨는 김 상궁이 업으니까, 대군이 말씀하시기를,
"윗전과 누님이 먼저 서시고 나는 뒤에 서겠다."
하시므로,
"어찌 그리 서라 하십니까?"
하니,
"내가 먼저 서면 나만 내보내고 다들 나오지 아니할 것이니, 나 보는 데서 가십시다."
하시었다.

대비께서는 생무명으로 지은 상복과 생무명으로 만든 보를 덮고, 두 아기씨는 남색 보를 덮고 각각 업히어 차비문에 다다르니, 내관이 십여 인이나 엎드려,
"어서 나가십시오."
하고, 재촉하니 대비께서 내관더러 말씀하시기를,
"너희들도 선왕의 녹을 오래 먹고 살았으니, 설마 어찌 슬픈 마음이 없겠느냐? 사십여 년 동안 중전의 자식을 보지 못하고 계시다가 병오년에 처음으로 대군을 보고 기뻐하시고 사랑하심이 한이 없으시었다. 그러나 그 당시 포대기에 싸인 것에게 무슨 뜻을 두고 계셨겠느냐? 한갓 잘 자란다는 말만이라도 듣고자 하시다가 세상을 떠나시니, 내가 그 때 대왕의 관을 따라 죽었던들 오늘날 이 서러운 일을 당하겠느냐? 이것이 내가 죽지 아니하고 살아온 죄다. 어린아이가 아

직 동서도 분간하지 못하는 것을 마저 잡아 내니, 조정이나 대간이나 선왕을 생각한다면 이렇듯 나를 섧게 하겠느냐!"
하시고, 하도 애통해하시니, 내관이 눈물을 씻으면서 입을 열어 말을 못 하고 한갓,
"어서 나가십시오. 우리가 모르겠습니까마는, 이럴 일이 아닙니다."
하였다.
저 집의 나인 연갑이는 대비 마마를 업은 나인의 다리를 붙들었고, 은덕이는 공주를 업은 주 상궁의 다리를 붙들어 옮겨 디디지 못하게 하고, 대군을 업은 사람을 앞으로 끌어내고 뒤에서 밀쳐서 문 밖으로 나가게 하고, 우리만을 다 밀어내어 들어오게 하고 차비문짝을 닫으니, 그 망극함이 어떠하였겠는가? 대군 아기씨만 문 밖으로 업혀 나갔는데, 업고 있는 사람의 등에 머리를 부딪쳐 우시면서,
"어마 마마 보세."
하고, 말하다가 못 하여,
"누님이나 보세."
하시고, 하도 애를 태우며 설워하시니, 좌우에서 모시고 있던 사람들의 우는 소리가 안팎으로 천지 진동하고, 그들이 흘리는 눈물이 땅에 가득하니, 사람들의 눈이 눈물에 가려져서 길을 분간하지 못하였다.
아기씨를 문 밖으로 나가게 하여 호위하니, 칼과 화살을 찬 군인들이 에워싸고 가자, 그제야 울기를 그치고 머리를 숙이더니, 자는 듯이 업혀 가시었다. 대비 마마께서는 도로 들어오시더니, 하늘을 큰 소리로 외쳐 부르면서 애통해하시어 여러 번 기절하시고, 사람이 없을 때에는 목을 매달기도 하시며, 스스로 목을 찔러 죽으려고 하시어 사람을 내보내라고 하시었다. 변 상궁이 눈치를 채고 밤낮으로 떠나지 아니하고, 서로 마주 앉아 여러 가지로 위로하여 여쭙기를,
"친정 어머니께서나 대비 마마께서나 본디 적선하시려는 뜻을 잡수

시어 사람을 하나도 해치심이 없으셨는데, 하늘이 무슨 허물을 보셨기에 이런 서러운 일을 당하게 하시는고? 이 설움은 반드시 벗게 되실 것입니다. 대군이 지금 열 살도 못 되시니, 설마 죽이기야 하겠습니까? 문을 열면 자주 안부나 들으시지 않겠으며, 대비 마마께서 살아 계셔야만 본가댁 제사도 지내시고, 우리도 거느리지 않겠습니까? 늙으신 본가댁 어머니께서는 누구를 믿고 살아 계시겠습니까? 아드님을 위하여 깨끗이 죽고자 하시나, 부모님께 점점 더 불효가 되시니, 어머님을 돌아보시어 손수 죽고자 하시는 마음을 풀어 잡수시어 잠시 동안만 참으셨다가 문이나 열거든 본가댁 분들을 만나시어 애매하고 서러운 말씀도 하소서. 공주 아가씨도 한편의 자손이시니, 비록 따님이시나 버리고 죽사오면 어디 가서 누구에게 의지하여 살겠습니까? 이제 친척을 찾아가서 의지하여 사신다면, 당신이 자라나신들 그 섧기를 어디에 비교하시겠습니까? 어린 사람이라도 동생의 살아나갈 일을 잘못하시거든, 하물며 윗전께서 먼저 돌아가시면 대군을 죽일 것이고, 누이동생을 언제 편안히 살게 할 것 같습니까? 이제 반드시 사특한 일을 꾸며 내어, 마저 잡아들여 없애 버릴 것입니다. 그리고 윗전 마마께서 국모 되어 계시면서 두 자손을 두어 계시던 일은 묻혀 버리고, 가슴 속에 방정한 일과 역모를 꾸미다가 발각되어 죽으셨다고 역사책에 쓸 것이니, 사람으로서 견디기 어려운, 슬프고 서러운 일이야 다시 없사오나, 후세에 전해질 이름은 생각지 않으십니까? 이 어리석고 미욱한 짐승 같은 소견에도 이러하니, 애통하심을 참으시어 조금만 누그러뜨려 생각하십시오."

하니,

"낸들 무슨 헤아림이 없으며, 더러운 이름을 씻고자 하지 않으랴마는, 하도 서러워서 애를 써서 타는 듯하고, 간장이 졸아들고 심간에 불이 붙는 듯하니, 훗날의 일 같은 건 생각할 겨를이 없고, 이 인간 세상을 어서 여의고 싶어서 내 손으로 죽고자 한다."
하시고, 잠시도 울음을 그치지 않으셨다. 음식을 잡숫지 않으시고, 냉수와 얼음만 마셨다. 날마다 어머님 안부와 대군의 안부를 문을 열어 주거든 알아 오라고 보채셨다. 대군은 좋은 말로 잘 달래어 데려가셨다고 하자, 하루에 한 번씩 내수사로 문안만 알아다가 자주 전해 달라 하시고, 대군께서 자실 음식이나 내어 주면 군사들이 다 같이 낱낱이 펴서 뒤져 보고, 대전과 내전이 가져다가 수소문을 하여 본 후에야 대군께로 가져가곤 하였다.

이렇게 한 지 한 달 만에 강화로 옮겼으나 알려 주지도 아니하고, 안부를 알려 주는 사람도 늦도록 오지 아니하자, 심히 수상하게 여겨 새로이 근심하시고, 아기씨께 보낼 실과며 고기를 싸고 담아 침실에 가져다 놓고, 좋아하시는 실과는 종이 봉지에 넣어 곁에 놓아 두고,

"어찌 오늘은 지금까지 안부도 오지 않는고? 필연코 무슨 곡절이 있나 보다. 아무려나 높은 데 올라가서 길에 무슨 이상한 동정이나 없는지 알아 오라."

하시었다.

이전에 침실로 썼던 다락에 올라서서 근처를 내다보니, 사람들이 돈의문(서대문)의 성을 둘러싸고 있고, 성 위에 올라가서 구경하는 사람은 수없이 서 있으며, 화살을 차고 햇빛 같은 창과 칼을 가진 이도 수없이 많은데, 길을 가는 거동으로 보아서는 말을 탄 사람이 많았다.

내다보다가 하도 끝이 없어서 눈물이 흐르는 줄도 몰랐다. 마침내 더 바라보려고 하였으나 어디로 갔는지 종적을 알지 못하였는데, 이윽고 검은 발로 가마 같은 것을 메고 나인 두어 명이 말을 타고 투구 쓰고 있고, 들려 오는 소리는 이전에 들었던 소리임을 깨닫고, 그 때에야 비로소 틀림없이 죽이려고 저러나 보다고 생각하면서 내려와서,

"어디로 갔는지 종적을 알지 못하겠습니다."

이렇게 여쭈었으나 서러워하시는 얼굴빛은 차마 바라볼 수가 없었다. 궁 밖에서 사는 사람이 다니는 길이 있는데, 거기에 가서 가만히 엿들으니,

"대군을 강화로 옮기니 불쌍하더라."

하거늘, 그제야 강화로 옮긴 줄을 알았다.

며칠이 지났건만 안부도 오지 아니하고, 강화로 옮겼다는 말도 해 주지 않았다. 대비 마마께서는 나인을 보고 자꾸만 보채시어,

"어서 안부나 알아다가 알려 다오."

하신들, 어디 가서 안부를 알아볼 것인가?

내관더러 말씀하시기를,

"이제 며칠이 지났건만 안부를 모르고 있으니, 도대체 어디로 갔으며, 어찌 언약과 다른가? 먹을 것은 마음대로 보내라 하시기에 가져다 드렸는데, 임금이 되시어 설마 속이랴 하고 굳게 믿었더니, 이제야 속이시니, 간 곳이나 알려 다오."

하셨으나, 대답도 하지 않았다.

대비께서는 더욱더 슬프시어 음식을 끊으시고 밤낮으로 슬피 우시면서 지내시더니, 하도 잡수라고 권하므로, 콩가루를 만들어 냉수에 풀어 간장 종지에 받아 잡수셨다. 그것도 하루에 한 번씩도 잡숫지 않으시면 변 상궁이 울면서 간절히 아뢰어,

"목이 마르시니 목이나 적시고 우시옵소서."

하여야 두어 번씩 받아 마시었다.

계축년, 갑인년, 을묘년까지는 꿀물에 탄 콩가루를 하루에 한 번씩만 잡숫더니,

"대군 소식을 알고 싶다."

하고, 문안하러 오는 내관더러 아무리 일러도 들은 척도 하지 않았다.

도대체 안으로 장정 나인 십여 명과 밖으로 장정 내관들을 보내는 까

닭은, 대비께서 대군을 데려오시어 밖으로 나가실까 봐서, 안팎에서 에워싸고 나인들을 밀치고 들어와 내쫓고 문을 모두 다 밀어서 닫아 버리고, 샛문을 탕탕 닫아 버리며, 입으로 차마 할 수 없는 말로 꾸짖고 가는 것이었다. 나인 아이들이 우는 이가 있으면 은덕이와 갑이가,

"요년들, 대군이 죽든지 살든지 네년들이 아랑곳할 게 뭔가? 네 아비나 어미가 죽거든 울고, 대군을 생각하고는 울지 마라. 우는 눈에 재를 넣을까 보다."

하고 꾸짖으면서 때리니, 사람이 나다닐 수 없었다.

한 달 남짓 지났건만 강화로 옮겼다는 말을 하지 않으므로 소식을 들을 길이 없어서 더욱더 망극하게 여기어 서러워하시었다. 친정 어머님이 돌아가셨는지 살아 계시는지 알지 못하여 문안하러 온 내관더러,

"문을 열어 주어, 늙으신 어머님의 생사 여부나 듣고 죽게 하라."

하고, 비시니, 백 번이나 하여도 대답도 하지 않다가 여러 번 하므로, 내관을 꾸짖으면서,

"역적의 집안이라는 것은 삼족을 멸하고, 그 집을 헐어 내어 물웅덩이나 연못을 만들어 못 살게 하는 것임에도 불구하고 내가 굳게 고집하여 내버려 두게 하였고, 내수사의 양식과 나무를 가져다 드리게 하여 지내게 하였거늘, 이렇게 야단스럽게 문을 열어 기별을 알아다가 전하라고 하시는고? 너희 나인들이 몸을 꾸부리고 앉아서, 어버이의 기별이나 알고 싶다고 내전을 보채기에 이렇게 하는 것이다. 또다시 이런 말을 하면 너희들을 모조리 죽일 것이니 말하지 마라."

하였다.

또, 이 해 가을에 문을 열어 달라고 날마다 내관에게 일러 보채셨는데, 천 번에 한 번도 대답하지 않다가, 내관을 시켜 말을 전하기를,

"그렇다고 한 해 두 해 닫아 두며, 삼 년을 닫아 두랴. 못 잡은 죄인 박치의*를 마저 잡고 문을 열어 주마."

하였다.

생신날이 돌아오자 내전에서 특별히 문안을 올리는 내관을 보냈기에 대답하시기를,

"옛날에 모습을 보시던 일을 생각하시니 감격스럽습니다. 나도 사람이요, 내전도 사람이니 인정은 다 한가지입니다. 온갖 일이 다 나에게 탈이 있다 하여 어버이와 동생이며 다 끌어다가 죽여 버렸고, 대군을 마저 내어다가 어디에 갔다는 말도 듣지 못한 지가 벌써 한 해가 되었으니, 설움이 비길 데 없습니다. 목숨이 죽지 못하여 살아 있어서, 늙으신 어머니의 안부나 듣고자 밤낮으로 바라고 있으니, 문을 열어 주시어 안부나 듣고 죽게 주선하여 주십시오. 잠긴 문을 열어 주시면 지하에 가서도 잊지 못하고, 죽어도 눈을 감고 죽을 것이오."

하시니, 대답도 하지 않았다.

이 해 정초가 이르렀을 때, 문안하러 온 내관에게 또다시 이렇듯 이르셨으나 대답도 하지 않았다. 나인이라는 것은 본디 이 관청에서 해야 할 일만 하고, 자질구레한 집안일은 밖에 있는 어버이와 동생이 돌아보는 것이었다. 한 해가 거의 다 지나도 대문을 언제 열어 줄지 몰라서 답답하고 민망한 데다가, 저희들이 입던 옷도 애당초에는 끌려가서 죽게 될지 살게 될지 몰라서, 행여나 불행한 일이 있더라도 저희들이 입고 있는 옷으로나 저희들의 주검을 싸게 하려고, 대비께서 대군과 함께 죽으려고 하시므로, 행여나 무슨 일이 있을까 하여 당장 입고 있는 옷 외에는 모두 밖으로 내보냈었다. 그런데 저희들이 처해 있는 처지를 헤아려 보니, 위아래 사람이 스스로 죽는 것이 옳지 않아서 일시에 다 살아 있었다. 한 해 남짓 되어 가자, 하도 민망하여 차비 내관에게 모든 나인들이 아무리 사정을 해도 들은 체도 아니하고, 들어 줄 만한 곳도 없어

* 박치의(朴致毅) 조령에서 은 상인을 죽이고 금품을 강탈한 사건을 일으킨 주동자.

서, 나인들이 구석구석에 들어앉아 우는 걸 보시고, 대비께서 나인들이 입을 옷을 내주시고는,

"설움을 잠시만 참고 견뎌라. 나는 대비가 되었지만 남에게 잡혀 있는 신세가 되어, 하루에 두 번씩 친정집 안부를 알고, 한때도 떠나지 아니하고 내 곁에 있던 대군을 내주었으니, 잠시 동안만 너희들도 답답함을 견디고, 어지러이 내관에게 애걸복걸하지 마라. 행여나 알 길이 있으면야 오죽이나 좋으련만, 이렇게 철통같이 막고 있어서, 한 번의 기별도 통하지 못하여 설워하는 줄은 모르고, 상하가 기별이나 듣고 잘 있으리라고 여겨, 범의 위엄을 더욱더 부릴 것이니 조심하여 살고, 틈을 엿보아 기별을 알리려고 하지도 마라."

하고, 백 번을 당부하시니,

"하지 않겠습니다."

하였다. 그래도 견디다 못하여 답답하게 여기고 있었다.

바깥 행랑에 큰 대문이 있지만, 본디 그 문은 닫혀 있는 문인데도 여러 군사들이 지키고 있고, 빈청의 뜰에서 빤히 내다보이는 곳이었는데, 어쩌다가 아비*가 관청에 드나드는 모습을 보고서도 소식을 전할 길이 없어 세월을 지내었다. 애당초의 환난을 뜻밖에 당하여 정전*에 나와 계시지 못하니, 후궁이나 정비나 궁 안에 있는 모습이 똑같아져서, 자리를 옮겨서 거적을 깔고 본가의 상중인지라 망극해하시면서 지내시었다. 나인 중 환이와 경춘이라는 하인은 예전부터 대궐 안에 들어와서 살고 있었다. 그런데 경춘이는 의인 왕후 친정집 종이므로 혼전에서 삼 년 동안 지키고 난 후에 침실 상궁이 용하다고 여쭙고 데려다가 보여 드리자, 늙은 나인들은 말하기를,

"친정집 종이니, 가까이서 모시는 일을 맡기심은 옳지 아니하다."

---

* 아비(衙婢) 수령이 사사로이 부리던 계집종.
* 정전(正殿) 임금이 나와서 조회를 하던 궁전.

하자, 대비께서 들으시고,

"무식한 말이로다. 대비가 되어서 내 종, 전 왕비의 종을 달리 생각하겠느냐? 의인 왕후의 본가댁이 본디 용하시다는 말씀을 들었고, 의인이 어지시다는 말씀을 들었으니, 상전이 용하시면 종도 따라서 용하다는 말을 들었다. 비록 하인이나 순직함이 제일이니, 옛날 종과 지금의 종을 따지지 말고 부려라."

하고, 말씀하시기에 침실의 등촉을 밝히는 일을 맡겼다.

중환이는 관아의 사람으로서 어린 시절에 대궐에 들어왔으나 뜻이 용하지 못하여 여러 번 궁 밖으로 쫓겨났었는데, 도로 들어와 경춘이와 똑같은 소임을 맡고 있었다. 중환이는 옛날 하인이므로 등촉 밝히는 일을 맡기시고, 덕복이는 시집 본가의 하인이므로 도상 직방의 등촉을 밝히는 소임을 정하시니, 오래 된 나인들은 말하기를,

"너무 사람을 믿으셔서 저렇게 하시는데, 어지시기는 오히려 누구보다도 나으시나 예전부터 아니 하는 일이라."

하였다.

아직은 보니까 흉한 일은 일으키지 않을 것처럼 여기시더니, 중환이 제 오라비의 인장 위조 사건이 탄로나서 여러 해 동안 몽둥이로 정강이를 때리는 형벌을 당하자, 대전을 원망하는 일이 나날이 심해져서 원통한 마음을 이기지 못하여 공연히 원망하는 말을 하면 듣는 사람들이 번거롭다고 하면서 다시는 그런 말 말라고 하였다. 그런데 원망하는 일을 가히라는 것이 알고서 데려다가 두둔해 주면서 아주 은근히 말하고 정이 우러나게 한 후에,

"너도 내가 하는 말을 들으면 나도 네 오라비를 살려 주마."

하고, 언약을 하였다.

그 후, 중환이는 진상하는 은밥그릇을 도둑질하여 가히에게 주었다.

임자년(광해군 4년) 유월 십팔일이 왕자 경평군*의 생일이었는데, 소

주방*의 하인이 진지를 받들고 나가고 없는 사이를 틈타서, 중환이는 망을 보고, 경춘이는 잠긴 문고리를 따고 들어가서 은밥그릇을 훔쳐내어 가히에게 가져다 주었다. 그러자 오랫동안 사람들이 수근거리기를,

"경춘이와 중환이는 한통속이라."

하였으나, 침실 상궁들은 의심을 하지 않으니, 뉘라서 말을 낼 것인가? 본디 중환이는 제 오라비의 일로 원망하는 사람이요, 경춘이는 자기보다 손위 상궁을 보면 무릎을 꿇고 인사를 하며, 바깥에 들리도록 소리를 내지 않으므로 누가 의심을 하겠는가?

점쟁이에게 잃은 물건을 누가 훔쳐 갔느냐고 물으니,

"빰이 약간 불그레하고 남하고 말도 아니 하는 사람이 품어다가 사람의 손이 미치기 어려운 곳에 두었으니, 찾기가 가장 어렵다."

하고, 대답하자 누군가 말하기를,

"경춘이 낯이 붉으니, 그놈이 가져갔다."

하였으나, 모두들 곧이듣지 아니하고,

"경춘이 억울하다."

하고, 말하였다.

저희들은, 내가 보기에는 늘 무슨 일을 꾸미기를 좋아하여, 밤마다 샛문을 열고 나가서, 대비께서 옷을 입으신 모습이며 아기씨의 옷 입으신 모습이며 나인들의 밥 떠먹는 모양을 낱낱이 가히에게 일러바쳤고, 그런 후에야 가히는 제 오라비를 놓아 주었다. 우리는 그렇게 사귀는 줄을 모르고 있었다. 그런데 계축년의 변이 일어나자, 저희는 그렇게 될 줄을 미리 알고 가히의 심복이 되었으니, 우리가 보는 데서는 남들보다도 더욱더 서러워하면서 땅을 후비고 슬퍼하는 모습을 꾸며 보이므로, 처벌을 당할 것을 각오하고, 상궁이 울면서 말하기를,

* 경평군(慶平君) 선조의 열한 번째의 아들.
* 소주방(燒廚房) 대궐 안의 음식을 만들던 곳.

"너희 둘을 우리가 각별히 가엾게 여기는 것은, 경춘이는 의인 마마의 종이요, 중환이는 아이 때부터 보아 왔기 때문이다. 너희는 살아날 것이다. 우리가 없더라도 너희는 아기씨(영창 대군)께서 즐기시던 실과나 명절이 닥치거든 생각하여 놓아 올려라."

하자, 두 사람은 울면서,

"이렇게 말씀하지 않으셔도 어련히 알아서 생각하겠습니까?"

하고, 말하였다.

마음 속에는 칼을 품고 있으면서도 겉으로는 서러워하는 체하니, 정말로 속마음에서 우러나서 그러는 줄 알고 믿어 버리는 것이었다.

임자년 사월에 나인들이 모두 다 잔치를 벌여 음식을 먹으면서 내전의 상궁들을 초청하자, 두세 명은 순순히 오고, 가히는 병이 났다고 핑계를 대고 오지 않기에 다시 초청하니,

"중병을 앓았다."

하고, 마침내 오지 않았다.

삼경쯤 되었을 때, 혼자서 가만히 침실 곁에 있는 소주방에 가히가 들어왔었다. 낡은 저고리를 입고 족두리를 끌어 쓰고 소리 안 나는 신을 신고 소주방에 들어왔다가 가만히 나와서 침실로 들어가려 하는 순간에, 마침 침실 상궁이 소변을 보려고 나왔다가, 침실 근처가 너무 고요한 것을 보고 놀라면서, 다른 전에 있는 사람들도 많이 와 있으니, 행여나 잡하인이 들어갈까 봐서, 침실로 들어가 보려고 하는데, 가히라는 것이 김 상궁을 보고 놀라면서 피하려고 애를 쓰는 것이었다.

문 안으로 들어가 가까이 다가가서 보니, 피할 곳을 몰라 가만히 고개를 숙인 채 지게문 뒤로 낯을 향하여 부들부들 떨고 서 있었다. 김 상궁이 하도 무서워서 이러지도 저러지도 못 하다가, 그러나 당돌한 마음을 먹고 들어가서,

"자네, 뉘신고?"

하고, 여러 번 물어도 대답을 아니 하고 너무 떨고 있기에, 이미 가히의 짓인 줄을 알건마는, 날이 어두워서 혹시나 가히가 아닌가 하여 와락 손을 잡으면서,

"자네, 뉘신고?"

하고, 여러 번 물으니 그제야,

"내로세."

하거늘,

"상궁이신가?"

"아니, 내로세."

하거늘,

"어찌 와 계시는고?"

"저기, 굿보러 왔다가."

하고, 대답하였다.

잡아도 신고할 곳이 없고, 두 전 사이만 어지러워질 뿐이라고 생각하여 짐짓 놓아 보내면서,

"아파서 못 가겠다고 하기에 섭섭했는데, 보고 가시니 기쁘네."

하고, 놓아 보냈다.

손목을 잡았을 때, 산고기가 날뛰듯 하였다.

이 말을 김 상궁이 일체 입 밖에 내지 아니하고, 남이 모르는 근심을 하고 있는데, 대군이 태어나시면서부터 더욱더 꺼려하다가 무신년(광해군 1년) 이후에 임해군의 변이 일어나면서부터는 더욱더 거짓말을 지어내니, 밤낮으로 상하가 근심하며 지냈는데, 임자년(광해군 4년)의 괘방사건이 일어난 후로는 대군을 더 심하게 미워하였다.

두 대궐로 드나드는 샛문을 잠가 두고 있다가, 열 때에는 내관이 열어 줘야만 조석 문안을 하는 상궁이 다닐 수 있었다. 그런 형편이므로 틈을 타서 자객을 시켜 대군을 죽이려 하다가, 대군이 침실에서 주무시므로 죽이지 못하고 방정을 하고 갔다.

이 후부터는 소주방의 마루 아래서 아이의 소리를 내어 높이 울고 한숨 소리가 하도 나니, 저녁때에는 차마 그 근처에 사람이 들어가지 못하고 무서워한다고들 말하였다. 그러나 가히가 왔더란 말이 날까 봐서 일체 들은 체도 않고 못 들은 체하고, 아이들이 무서워한다고 하여도 도깨비가 나왔다고 속이고 살았다. 중환이와 경춘이가 한통속이 되어

서 그렇게 한 짓이었다. 제 집에서 방정을 하여 놓아 두고, 우리에게 큰 난리를 꾸며 내되, 저희는 중환이와 경춘이에게 은혜를 많이 베풀어 두고, 온갖 장난짓을 다 하였다. 우리는 남을 해칠 뜻이 없고, 앞뒤의 사정을 알 사람도 없으며, 그 전의 침실 근처도 알지 못했다.

중환이는 흉한 마음을 내어 고할 뜻을 품고서 틈을 내지 못하여 안달하더니, 제 오라비가 세자궁의 등촉을 밝히는 일을 맡고 있는지라, 항상 닫힌 문 밖에 와서 제 누이의 기별을 들으려고 지나쳐 다니는 모습을 틈으로 엿보고, 밤에 군사에게 많이 주고 사귀어 제 오라비를 불러다가 온갖 말을 다하고, 글을 써서 가히에게 보내는데,

"샛문으로 오면 하던 말을 다 일러 주마."

하고, 말하였다.

기별을 못 들어 민망해하다가 밤중에만 문을 열고 와서 가히는 중환이를 달래어 말하기를,

"하는 일을 자세히 일러 주면 너를 먼저 나가게 해 주겠다."

하니, 공을 세우고 싶지만 할 일이 없어서 안타까워하다가, 제가 가르쳐 줘서 경을 읽는다는 말을 하고,

"대비 마마께서 친히 가시어 하늘에 제사를 지내고, 대전을 죽으라고 비신다."

이렇게 말하였다.

없는 일을 거짓으로 꾸며서 고해 바치려고 가히, 은덕이, 동궁의 무수리인 업관이를 데려다가 그 경 읽는 데를 가르쳐 보여 줬다.

하지만 대비께서 친히 나가신 일이 없고, 경을 읽는 일로 잡아다가 죽일 수도 없었다. 그래서 아무 말이나 들으면 트집잡아 남아 있는 나인들을 마저 없애 버리고, 대비 마마 혼자 계시게 하여, 애를 태우시다가 돌아가시게 하려고 하였다. 그러나 트집잡을 만한 말은 듣지 못하여 애를 태웠다.

제 2 권

이 해 섣달에 중환이가 문 상궁더러,

"가만히 오라비를 불러 어머니의 안부를 알게 되었는데, 행여 동생의 안부를 알고자 하시지나 않을까 해서 이러는 것이니, 서로 내통한다는 소문을 내면 쓰겠어요? 상궁만 알고 글월을 써 주세요."

하고, 말하였다.

그 상궁은 본디 남을 믿기를 잘 하였다. 평소부터 중환이를 가엾게 여기고 있어서, 제 오라비가 옥중에 갇혀 있을 때 쌀과 반찬이며 입을 것을 가져다 주었다. 그러자 은혜를 중하게 여긴 중환이가,

"상궁의 은혜는 죽어서 땅 속에 가더라도 잊지 못할 은혜인데, 어떻게 갚을꼬."

하고 말하는 사이였으므로, 의심하지 않고 오라비 문득람에게 글월을 써서 주자, 즉시 답장을 받아다가 주었다.

본전에 있는 감찰 상궁의 하인인 부전이와 천복의 하인인 음덕이가 중환의 심복이 되어 다 같이 공을 이뤄 나가려고 한패가 되어 밤낮으로 같이 행동하면서 무슨 일이든지 보아 두었다가 알려 주면 중환이는 그 말을 듣고 밤에 담을 넘어가서 서로 내통하는 것이었다.

대비께서 거처하시는 곳은 동녘 구석이고, 중환이가 묵고 있는 곳은 서남쪽 행랑이며, 남의 전으로 통하는 곳은 서녘 구석이었는데, 동서를 왔다갔다 하면서 일을 하던 사람은 여럿이 끌려나가 죽었으므로, 궁중이 텅 비어, 밤이면 사람의 발자취가 끊어져서, 일만 명의 군사가 들어와서 날뛰더라도 알 길이 없었다.

중환이가 평소에 하는 짓들을 지켜보니까, 점점 더 수상하고, 대비를 향해서도 원망하고, 감옥에 갇히러 가는 나인을 향해서도 대비를 생각지 말라고 하면서 꾸짖기를,

"편안히 잘 살지 못하고서 이런 큰일을 저질러 놓고 비참한 꼴을 당하는 게 누구 탓인고?"

하고, 말하였다.

이렇게 하고서도 문 상궁과는 아무렇지도 않은 듯한 표정을 짓고 드나들건만, 문 상궁은 조금도 의심을 하지 않았다. 남들이 혹시, 중환이는 배반할 뜻을 먹는다고 말하면,

"그 사람이 그런 뜻을 먹을 리가 없는데도 남들이 그 사람을 미워하느라고 저런 말을 한다."

하고, 대꾸했다. 중환이가 또 문 상궁을 살살 달래기를,

"시녀 방씨는 전에 나가서 잘 살고 있고, 제 오라비는 대전 별감으로 있는데, 대군 계신 곳에도 간다 하니, 기별을 듣기가 쉬울 겁니다."

하니, 상궁이 말하기를,

"누가 대군 계신 곳의 일을 무서워서 내통할 수 있겠느냐?"

하니,

"내 오라비를 시켜 통하게 하지요."

하기에, 아기씨의 안부를 알고 싶다고 하면서 글월을 써 주고, 대비께 가서 여쭙기를,

"가장 믿음성 있고 용한 인편이 있어서 아기씨 안부를 알아보러 갔으니, 기별이 올 것입니다."

하니,

"누가 그런 짓을 하였느냐?"

하시니,

"중환의 오라비가 가지고 가서 시녀 애일에게로 갔습니다."

하자, 대비께서 놀라시면서,

"그런 마음은 먹지도 말라. 기별을 알아다가 전해 주는 은혜는 하늘같이 여기겠지만, 내통하는 줄을 알면 권세를 얻어 노여움을 더 낼까

두려워한다. 이 후에는 그런 마음은 먹지도 말라. 설움은 한이 없으나, 서로 살아 있으면 자연히 알게 되어 소식을 들을 길이 있을 것이니, 위태로운 일을 전하지 못할 것이다."

하시니, 대답하기를,

"이 하인이 예부터 순직하고, 소인의 은혜를 입은 것이 중하므로 해를 끼칠 뜻이 없을 것입니다. 믿으십시오."

하고, 말하였다.

그 후에는 중환이가 늘 글월을 받아다가 주면서, 제가 더 글월을 써 달라고 당부하는 것이었다.

애일의 글월에 씌어 있기를,

'소인이 죽지 못하와 밖에 나와서 평안히 살고 있사오나, 대비 마마와 상궁들을 생각하니 망극하고 서럽나이다. 비록 아녀자의 몸이오나 대비를 위하여 은혜를 갚사올 길이 없사와 애를 태우고 있사온데, 아기씨의 안부를 모르시어 알고자 하시므로, 죽을 힘을 다하와 동생이 별감으로 아기씨께 갔사오니, 글월을 써 주옵시면 나이 어린 상궁에게 가만히 주고 글월을 받아 오라고 당부하리이다.'

하고, 적혀 있었다.

문 상궁이 반갑고 기쁘기 한이 없어서, 대비께서 평소에 기별을 몰라 설워하시니, 한 번 답답한 느낌을 없애 드리려고 글월을 가지고 변 상궁에게 가서 말하니, 변 상궁은 화를 버럭 내어 말하기를,

"문 밖 출입을 금함이 철석 같고, 미워함이 적국에 대한 것보다도 더 심하거늘, 바깥과 통하여 글월을 받아 옴도 큰일이거든, 하물며 어디 가서 아기씨 안부를 알아온단 말인고? 이렇게 하면 정성이야 지극하거니와, 들통나면 편히 살기 어려울 것이니 여쭙지 마라."

문 상궁은 이 말을 듣고 성난 얼굴로 대답하기를,

"어찌 이런 말씀을 하시는고? 행여 사람을 불러서 온 것이 아니라,

믿음성 있는 인편이 있어서 알아봤으니, 조금도 의심치 마시오."
하고, 대비께 들어가서 여쭈었더니, 대비께서는 몸부림을 치고 애통해하시면서,

"강화도로 아이를 옮길 줄은 생각지도 못했는데, 아무 물정도 모르는 어린 아이를 섬으로 보냈으니, 이 설움이야 어디에 비길 곳이 있으랴. 나 혼자 안부를 몰라 밤낮으로 설워하는데, 어찌 차마 안부를 알고자 하지 않으랴. 알아 오려고 하니 기쁨이 한이 없다마는, 공을 세워 자랑하려는 듯싶으니, 나는 글월을 써 주지 못하겠다."

하시니, 문 상궁이 다시 여쭙기를,

"궁 안에나 궁 밖에나 미더운 사람이 이만한 이가 없고, 대비께도 정성이 있는 사람이니, 공을 드러내어 자랑하고 싶어하는 사람이면 소인이 이렇게 하리까? 그러면 소인을 믿지 못하시어 글월을 써 주시지 않으십니까?"

변 상궁이 여쭙기를,

"미덥지 않습니다. 중환이가 흉한 마음을 먹고, 죽은 나인이며 대비를 원망하고, 아무 일이나 얻어다가 고해 바치기 위해 간사한 꾀를 써서 남을 속이려는 마음을 먹었고, 제 오라비를 만나 밤낮으로 한데서 발을 고쳐 디디어 조그만 허물이나 얻고자 하거늘, 일을 꾸며서 덤터기를 덮어씌우려고 권하는 듯합니다. 대비께서는 잠시 참으시어 아기씨의 기별을 아시려고 하지 마십시오."

하고, 못내 여쭙자,

"나도 그렇게 생각한다. 반갑고 서러운 정으로야 즉시 써 주지 않으랴마는, 무서워서 못 하겠다."

하시었다. 변 상궁이 다시 여쭙기를,

"그런 생각은 하지도 마소서."

하였다.

문 상궁이 다시 여쭙기를,

"글월 써 주소서."

하니, 변 상궁이 말하기를,

"내가 차비문에 가서 소리를 질러 이르겠소. 가만히 있을 일이지, 어찌 이런 일을 하려 하시는가?"

하니, 문 상궁이 버럭 화를 내면서 말하기를,

"상궁이 대비전을 곁에서 모시기에 대비전을 위한 정성이 지극하신가 여겼더니, 이 일로 미루어 보니 참으로 정성이 없으시네그려. 밤낮으로 울음 속에 잠기시어 물만 마시고, 본댁 어머님과 아기씨의 안부를 아시려고 하시나 적당한 기회가 없어 애를 태우시다가 이렇게 용한 사람을 얻어 만났는데, 이런 사람 만나기가 쉬울까? 무슨 일이 일어나든 내가 알아서 할 것이니, 참견 말고 내버려 두소."

하고, 성을 내어 방으로 들어가더니 글월을 써다가 변 상궁에게 보이었다. 거기에 씌어 있기를,

'대비 마마께서 아기씨를 떠나 보내시고 기별을 모르고 계셨는데, 미더운 사람이 거기에 가므로, 아기씨 안부를 알고자 글월을 써 가지고 가니, 뜯어 보고 병이나 나시지 않게 모셔라.'

라고 되어 있고,

'아무것이나 잡숫고자 하시거든 가져간 것을 아끼지 말고, 물 긷는 하인이나 주어 사서 잡숫게 하고, 아무쪼록 잘 견디어 모시기 바란다. 문이 열리기만 하면 기별을 드리지 않으랴.'

라고 씌어 있었다.

중환이가 담을 넘어가 통하고, 제가 가지고 있던 것을 다 훔쳐서 가히에게 보내고, 빈 몸만 남아 있었다.

문 상궁더러 글월을 썼거든 달라고 하니, 글월을 봉하여 주면서 회답을 받아다 달라고 하였다.

중환이 흉한 마음을 먹은 줄을 알고, 변 상궁이 문 상궁더러,

"글월 보내지 말고 도로 가져오소. 이러저러한 말이 나돌고 있으니 주지 마오."

하니,

"남이 미워서 그런 말을 하거니와, 그럴 리 없소."

하거늘,

"고해 바치면 큰일이 날 것이니, 어서 가서 찾아오라."

하니,

"종을 시켜서 전하게 했는데, 틈으로 오라비가 왔기에 주고 없다."

하거늘, 또 가서 달라고 하니, 꾸짖고 주지 않았다.

글월을 보고 나서 감추고 없다고 하면서 내주지 않았다.

변 상궁이 문 상궁에게 사람을 보냈으나, 마침내 주지 않고 틈으로 제 오라비 차충룡에게 주어 가히에게 드리니 그제야,

"장물*을 삽디다."

하여, 새로이 내외 사람을 섣달 그믐날에 잡아다 감옥에 가두고, 갑인년(광해군 6년) 초하룻날 추국*을 하기 시작했는데, 문 상궁을 찾아가서 제 집안의 안부를 알아보고 다니던 사람은 모두 다 잡아냈다.

문 상궁이 중환이더러 말하기를,

"은혜를 입어 추위와 더위를 나로 인하여 벗어나고, 배고프고 목마름을 나로 인하여 모르고 살아왔으며, 네 오라비가 갇혀 죽게 되었을 때 내가 음식이며 입을 것을 주어 살아나게 해 주었거늘, 이제는 나를 설득하여 글월을 써 달라고 성가시게 굴기에, 나도 사람인지라 대비께서 서러워하심이 그지없으셔서, 한 번 기쁘게 해 드리고자 했는데, 네가 대비 마마를 배반하였으나, 어찌 나를 저버리느냐?"

* 장물(贓物) 부정한 방법으로 얻은 남의 물품.
* 추국(推鞫) 임금의 명령에 의해서 중죄인을 고문하여 자백하게 하던 일.

중환이 뒹굴면서 울고 가슴을 두드리며 손뼉을 쳐서 맹세하기를,

"내가 고하였으면 갓 죽은 어머니의 주검을 파헤쳐서 회를 쳐먹겠소이다."

하고, 하도 뒹굴면서 울기 때문에 보는 사람은 모두가 애매한 말을 듣는 줄로 여기었다.

중환이가 문 사이로 세간을 훔쳐 내어 밤새도록 드나들 때, 색장 나인의 시종이 보았는데, 혹시 소문을 내지나 않을까 하여 늘 기회를 벼르고 있더니, 아무런 죄도 없는데 이번 기회에 잡아갔다.

중환이를 비롯해서 음덕이, 부전이 셋을 잡아 내어 갈 때, 중환이의 얼굴에는 기뻐하는 빛이 나타나고, 두 하인은 어서 오라고 하자 울고, 셋이 나란히 나갔다.

중환이는 범죄 사실을 관아에 아뢰었다 하여 사랑스럽게 여겨 죄인으로 취급하지 않고, 말에 태워서 추국청에 데려다가 앉혀 두고, 이전에 이리이리 대답하기로 미리 다짐해 두었던 말로 물으면서 빗아치*에게도 그런 사실을 알려 주었다. 그리고 아무 근거도 없는 거짓말을 써서, 문 상궁이 애일에게 준 글이며, 강화도에 보낸 글월을 고치고 더 보태어 써서, 증거도 없고 사실이 아닌 말을 지어 내어, 당나라 장수에게 고하여 우리의 문을 속히 열게 하라고 했다고 쓰며, 강화도에 보낸 글월에는 '잘 길러 두었다가 당나라 장수가 와서 문을 열게 하거든 무사히 돌아오시게 하라.' 고 했다는 흉악하기 짝이 없는 말을 써 가지고 추국청에 내보이면서 중환이더러,

"이 말이 옳으냐?"

물으니,

"다 옳습니다. 대군이 거처하던 집에 가서는 기도까지 드립디다."

* 빗아치 조선 시대에 관아의 과 또는 계에서 일하던 사람.

하니,

"옳으냐, 네가 아느냐?"

"압니다."

"누구를 위하여 빌더냐?"

"대전을 죽으라고 빌더이다."

"어떻게 빌더냐?"

"향로와 향합을 가져다 놓고, 약과와 떡과 실과를 차려 놓고, 꽃을 만들고, 목욕하고 정성들여 빌더이다."

"네가 보았느냐?"

"내가 보았습니다."

하고, 대답하는 것이었다.

온갖 일을 제가 본 것처럼 다 말하는 것이었다.

안에서 신문하는 일을 마루 밑에 가서 듣는 줄을 알고 있기 때문에, 아무 근거도 없는 거짓말을 하느라고 소리를 가만히 내어 문사 낭청이 겨우 알아듣게 말했다. 이전에 조그만 혐의가 있던 사람들을 모두 다 이름을 대어 말하니, 그 명단에 제 이름이 오르는 사람은 몸에서 땀이 흐르고, 앉았다가 일어서자 기운을 이기지 못하여 벌벌 떨고, 발을 옮겨 디디지 못하니, 곁에 서 있는 사람은 남의 일 같지 않았다.

온 궁중이 새로이 요란해지더니, 나인들은 차비문에 가서 대령하고 있고, 밖에서는 문 상궁의 오라비와 조카와 종 남녀를 합하여 네 명과 어미까지도 함께 극형에 처하고, 애일이는 사약을 내려 죽였다.

문틈으로 통하던 시녀 최씨와 최씨의 아비 최수일과, 중환의 오라비와 내통할 때 목격한 놈 서응상* 내외와 문 밑에 와서 앉아 있던 서리를 다시 다 새로이 옥사*를 일으켜 사람을 죽임이 더 심하였다.

---

* 서응상(徐應祥) 광해군 때 병조 서리(하급 구실아치)로 있던 사람.
* 옥사(獄事) 살인, 강도, 반역 등의 중대한 범죄를 다스리는 일.

갑인년(광해군 6년) 이월 보름 후에 문 상궁과 차비 영화와 색장 시종을 다 잡아내고, 이십일 후에는 공주의 보모 상궁 권씨와 시녀 최씨와 또 시녀 최씨와 차비 춘향이, 대군의 곁에서 부축해 주는 곁하인 춘단이, 청금이를 잡아다가 옷을 갈아입으라고 했으나, 저는 어린아이처럼 서 있거늘, 남이 옷을 얻어다가 입혀 보내는데,

"늦게 가면 겹겹이 내관을 내보내어 속히 잡아내라. 더디면 잡아내어 감옥에 넣겠다."

하였다.

사람의 발이 땅에 붙을 사이가 없을 정도로 몹시 급하게 헤매다니면서 날뛰고, 우는 소리가 천지에 진동하는데, 의녀 대여섯이 침실에 들어와서,

"어서 내놔라!"

하고, 조르고 있는데, 차비문 안에는 내관이 들어와서,

"어서 내놔라!"

조르니, 궁중 사람들이 불평하였으나, 어찌 높고 낮음을 분별하겠는가?

색장 나인을 모조리 잡아냈다.

"어찌 죄인을 더디게 잡아내느냐?"

하고, 소리치자 어찌나 두려운지 뛰어 달아나다가 집 안의 측간에도 들어가 숨고, 마루 밑에 들어가 숨었으니 내관은,

"감찰 상궁은 색장을 다 잡아내라!"

하고, 외치는 것이었다.

나인들이,

"잡혀 가면 죽습니다. 마지막 죽을 마당에 감히 두려움을 무릅쓰고나 달아나고 싶습니다."

하고, 의녀에게 비는 사이에,

"어서 잡아내라!"

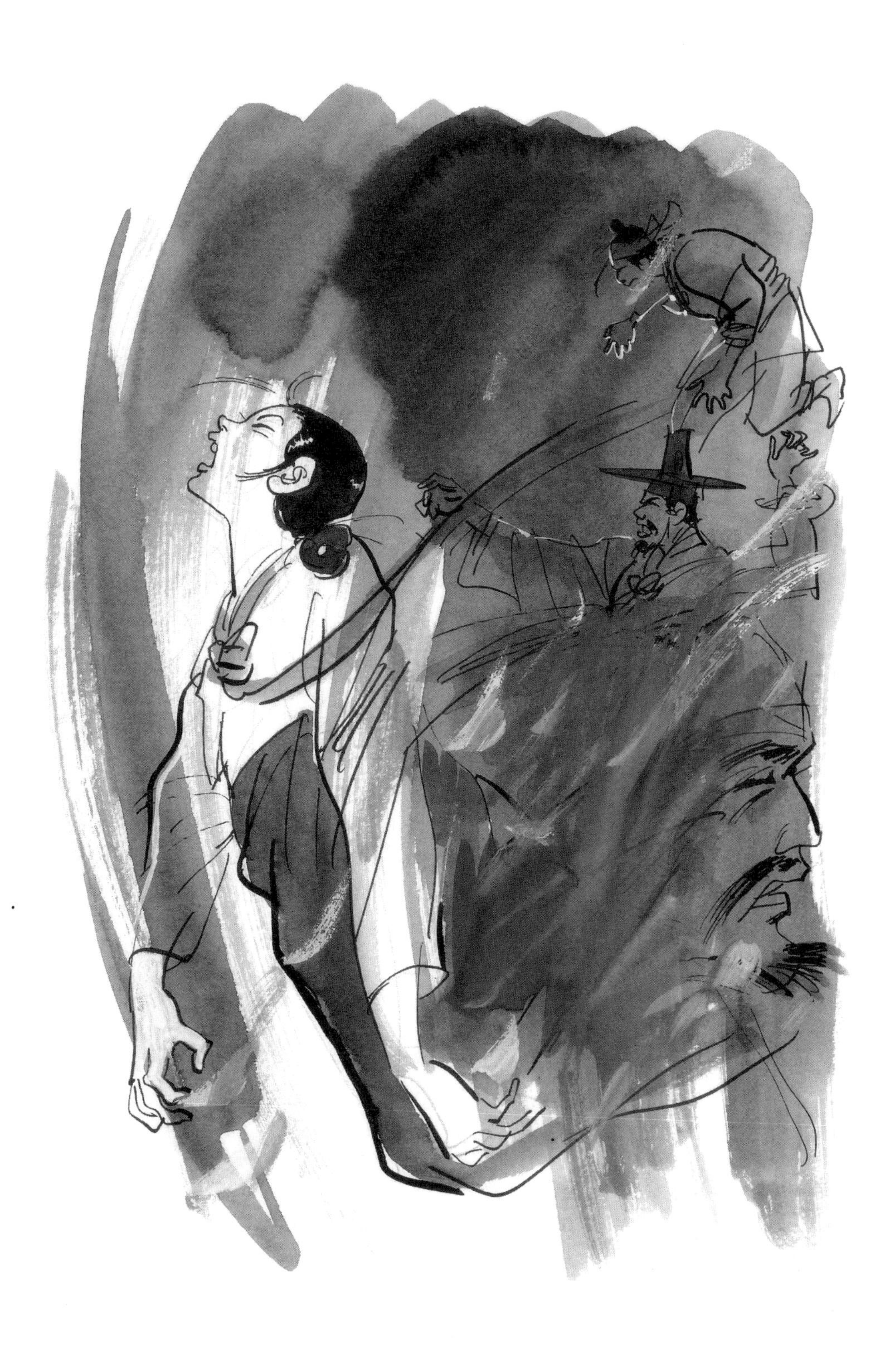

하니, 의녀도 두려워서,

"어디를 올라가느냐?"

하고, 뒤에서 머리를 끌어당기니, 소리를 질러 울면서,

"어찌 이리 섧게 하는가? 대비를 모시는 시녀인데, 의녀에게 머리를 잡힐 줄을 어찌 생각이나 했으리!"

하고, 모두들 의녀를 꾸짖으니,

"우리를 죽이려고 하는데, 어찌 속히 잡아내지 않겠느냐?"

하고, 대꾸하는 것이었다.

이렇듯이 몹시 괴롭게 굴고, 수치와 모욕을 주는 일이 어찌 한두 번이랴.

"자식 없는 아녀자의 몸이나, 대비 마마께서 애매하신 일을 당하고 계시므로, 비록 극형을 가하여 일만 가지로 다루어 조르겠지만, 설마 거짓 자백은 하지 않겠습니다. 살고자 하지 않겠습니까마는, 대비께서 서러운 일을 당하고 계시어 종에게까지 애매한 일이 미쳤으니, 이 설움은 하늘이 반드시 아실 것이니, 죽기를 좋은 곳으로 가는 것처럼 죽으러 갑니다."

하고, 의녀에게 쫓기어 차비문으로 나가니, 나장이며 도사들이 와서 기다리고 있다가 몰아갔다.

사람을 잡아낼 적에는 위엄이 더욱더 대단하여 내관이며 나인부터 위협하여 잡아냈다.

시녀였던 최씨 여옥이라는 것이 경술년(광해군 2년)에 시녀로 들어왔는데, 용모는 곱지 않으나 순직하므로 침실에서 살게 했더니, 정성도 남보다 더하고, 본디 용한 아이여서 본가댁과 대군 아기씨를 향하여 설워하면서 항상 말하기를,

"나에게 날개가 돋아나면 날아가서 기별을 알아다가 여쭙고 싶습니다."

하고, 또 말하기를,

"아무 틈이나 있으면 내가 계집종의 옷맵시를 하고서 밖에 나가 두 곳의 안부를 알아 오지 않으랴만, 담이며 문이 쇠로 쌓은 듯하고, 구멍이 없어서 내가 정을 펴지 못함을 설워하나이다."

하더니, 잡혀 나가는 날에는 더욱더 설워하면서 제 다리를 만지고 울면서 말하기를,

"아이 적부터 어버이에게 다리도 맞아 보지 않았는데, 중한 매를 어떻게 맞을꼬. 애매하신 일이시니 거짓 자백은 하지 않겠습니다만, 맞을 일을 생각하니 더욱더 망극합니다."

하였다.

듣는 사람들은 불쌍히 여기면서, 정성이 지극한 사람이어서 조금도 거짓 자백을 하지는 않을 것이라고 여기었다. 제가 잡혀 나갈 적에,

"나는 조금도 의심하지 마십시오. 몸이 가루가 되어도 대비 마마께서 애매하심을 알고 있으니, 거짓 자백은 하지 않겠습니다."

하더니, 추국청에 가서 대번에 자기의 사정을 하소연하고 울면서 말하기를,

"대비 마마께서 애매한 일을 당하시어, 어린 대군과 본가댁 식구들의 생사 여부를 알지 못하셔서 밤낮으로 슬퍼하시고, 방정을 하셨다는 말은 원통하고 억울한 누명인 줄로 압니다. 무슨 일이든지 듣고 본 것이 있으면 무서운 곳에 와서 죽으려고 하겠습니까? 살고자 하는 것이 당연한 일이나, 보고 들은 것이 털끝만큼도 없습니다. 무거운 형벌이 두렵다고 하여 어찌 밑도 끝도 없는 말을 하겠습니까?"

하였다.

대전의 유모에게 오라비가 있는데, 그의 계집이 여옥이의 종이었다. 유모는 그 계집을 어여삐 여겨 늘 데려다가 보고는,

"어찌 못 오느냐? 복이 적어 우리에게 못 오느냐?"

하고 말했다.

이 때, 중환이를 졸라대어 이 시녀를 잡아다가 다른 감옥에 가두어 놓고 달래면서,

"이리이리 대답하면 너를 살려 주마."

하니, 여옥이 울면서 며칠을 허락하지 않더니, 아비와 어미로 하여금 밤낮으로 한 곳에서 달래게 하기를,

"네가 이제 모른다고 하면 우리를 모두 죽일 것이다. 대비 마마에 대한 은정도 중하기는 하지만, 어버이는 생각지 않느냐? 네가 이제 거짓 자백을 해야망정이지 못 한다고 하면 네 앞에서 죽게 될 것이다."

하고, 온갖 말을 듣고 허락을 받아들인 후에야 추국청에 들어가서 새로이 신문을 받았는데, 그 때 진술하는 말은 전날 하던 말과는 달라, 흉악한 말로 대답하기를,

"기도를 드린 것이 다 옳습니다."

"어찌 아느냐?"

"내가 보고 들었습니다."

하고, 대답하자 즉시 풀어 주었다.

그 후에 변 상궁이 병으로 죽어 가기에 내보냈더니, 여옥이 놓여 나와서 잘 살면서 뵈러 와서 그 동안의 곡절을 가만히 말하기를,

"아니라고 대답하라고 어버이한테 보채인 나머지 거짓 자백을 하였으나, 훗날 가족이 몰살당할 화를 저지르고 살아났으니, 내 죄가 태산 같아서 죽고자 하였지만, 모진 목숨이 죽지 못하여 대비 마마를 속여서 거짓말로 사뢰었으니, 어느 낯으로 남을 뵈겠습니까? 마음에 없는 말로 거짓 자백을 하였으니, 죽이셔도 원망하지 않겠습니다."

하고, 울었다.

상궁 중에서 난이라고 하는 이가 임진년(선조 25년)에 시녀로 들어와서 의인 왕후 때에 침실에 들어가 살았는데, 제 인품이 용하지 못하여

남들처럼 상궁 노릇도 못 하였으므로, 늘 선왕 마마부터 원망하더니, 무신년(선조 41년)에 와서야 상궁이 되었다.

이 사람이 매우 간사하고 교만하여, 대비께서 평안하실 때에는 양 아기(정명 공주와 영창 대군)에게 남들처럼 별스런 정성을 다하더니, 계축년이 되자 대비 마마를 향하여 괘씸하고 엉큼한 원망을 하고, 제 동생이며 조카를 모두 시녀로 동궁이며 내전에 들여보내어 궁 안에서의 권세가 당당해졌다.

난이 자기의 세력을 얻어 좋아하는 기색이 나날이 더하고, 즐거워하는 표정이 역력히 나타났다. 그러한 모습을 보는 사람들은 통분하게 여기는 마음이 한이 없었지만, 그 난이를 두려워하여 말을 못 하고 있었는데, 난이 말하기를,

"대전께 재물을 많이 주셨던들 이런 일을 당했으랴? 세자께서 혼인을 하실 적에 세간을 많이 주시고 상궁과 시녀를 다 주셨던들 이런 일이 있을까? 대전과 내전께서는 늘 재물을 시녀와 상궁에게 상급으로 많이 주시지 않은 일을 두고, 공주와 대군을 데리고 잘 길러 사시는가 어디 두고 보자고 벼르시더니, 이런 일이 일어났습니다."

하고, 또 말하기를,

"의인 마마께서 살아 계실 때에도, '세자는 효성이 없고 어질지 못하였느니라. 정유년 난리에 수원으로 가실 때, 세자가 수레를 모시고 따라가서 물을 건너게 되었는데, 배를 재촉하여 빈이며 자기는 먼저 물을 건너 임시로 거처하는 집에 들어가서 앉고, 나는 돌아보지도 아니하여 시위하던 내관이 아무리 소리쳐서 배를 가져오라고 하였지만 배는 오지 아니하고, 위엄을 가진 세자만 위하고 나는 생각하지도 아니하였다. 저는 초경에 건너고, 나는 삼경에야 건넜는데, 날씨가 추운데, 밤이 깊어 가자 이슬이며 서릿김에 추움이 심하였다. 세자가 효성이 지극하면 어찌 적모를 향하여 그렇게 대접하며, 하물며 제 어

머님이 일찍 죽어서 내가 길러 내어 아들을 삼았는데, 정이 전혀 없으랴마는, 이 사람의 효성이며 정성이 적은 사람임을 가히 알 것이다.' 하고, 말씀하시더니, 이제 저렇게 모진 체를 하니, 험하고 악하기가 심하지 않겠는가?"

악독하고 고약한 짓인 줄은 알지만, 아첨하여 중환이와 함께 대비 마마의 기물을 밤낮으로 아무 거리낌없이 가져가고, 대군이 병으로 잠시 자리를 옮겨 거처하는 곳에 있는 기물들을 더 많이 훔쳐다가 제 종과 중환이와 합심하여 잠긴 문을 열고 세간을 훔쳐 밤에 몰래 가져다가 난의 아우 꽃향이에게로 가져가자 형을 책망하여 말하기를,

"대비 마마와 세자 사이가 서로 좋지 못하신들 종의 도리에 상전을 배반하는 짓이 내 소견으로는 못 할 일이요, 남들의 보는 눈도 있으므로 내통하는 일은 없어야 하거늘, 하물며 대비 마마의 세간을 훔쳐 내니 옳지 않다. 이 후에는 보내지 마라."

하자, 형이 성을 내어 말하기를,

"동기간이 동기간을 구해 주지 않는다면, 남이 어떻게 구해 주겠소. 대비 마마는 대군과 본가댁 식구들을 위하여 밤낮으로 우시면서 죽으려고 하시니, 세간은 둬 봤자 소용없소. 하물며 대군의 세간은 두어도 쓸데없다고 하시면서 종들에게 모두 다 노나 주셨으니, 잔말 말고 받아 두었다가 나를 내보내 주거든 잘 살 수 있게 하시오."

하며, 비단필이며 은그릇을 모조리 훔쳐 내는 한편, 보모 김 상궁을 사귀어 죽지 않도록 해 줄 것이니, 쌀과 돈을 많이 준다면 동생에게 잘 말해서 살게 해 주마고 하니, 김 상궁이 살기를 탐내어 온갖 것을 다 주었다. 샛문으로 나다니는 것을 보고 참지 못하여 사람을 모아 순찰하게 했는데, 하루는 넘어가다가 발각되어 모두들 달려들어 붙잡자, 중환이가 큰 소리로 꾸짖어 말하기를,

"누가 우리를 잡으라고 하더냐? 너희들이 우리를 나가지 못하게 막

다가는 가족이 몰살당하는 화를 당하게 하겠다."

하고, 큰 열쇠를 둘러메고 치자, 하도 무서워서 투덜거리면서 나갔다.

이런 때를 당하여 중환이와 난이의 세력이 미치지 않을까 봐 두려워 하였다.

난이는 시녀와 상궁을 달래고, 중환이는 하인을 달래어 말하기를,

"금년 동짓달에 죽이기로 날짜를 잡았으니, 그 쪽 대비전의 나인이며 상궁, 하인 모두 다 데려가고, 대비 마마는 새로 아이를 두세 명만 주어 물이나 떠다 드리게 하다가 저절로 돌아가시게 하려고 한다."

하니, 모두 다 그 말을 듣고 울고 서러워하면서,

"그러나 좋은 데로 가서 사시게 할 것이다."

하는 사람도 있고,

"내가 상전을 여의고 남의 궁전에 가서 차마 어찌 살랴! 가지 말고 죽고자 하되 죽으면 어버이를 못살게 할 것이니 어찌하리!"

하고, 우는 사람도 있었다.

대군을 데려갈 때처럼 심하게 괴롭혀 데려가면 하직 인사도 못 할 것이고, 내 물건도 챙기지 못할 것이니, 미리 챙겨 두자 하고 머리를 빗어 올리고, 옷을 곁에 놓고 동짓달 보름날을 기다리고 있었다.

대개 거짓말이 아니고, 계교를 꾸며 낼 때에는 틀림없이 들어맞더니, 이번에는 데려가지 않았다.

또 말하기를,

"죽은 나인들의 세간은 죄인의 것이니 다 가져가라 하였으나, 아무도 손대거나 옮기지 말고 그대로 넣어 두라."

하니, 혹시 종이 치워도 꺼내어 입지 못하였다.

대비 마마께서 나인들을 불러 놓고 말씀하시기를,

"앞뒤에서 나를 모시고 있던 나인들이 나를 위하여 원한을 품고 죽었으니, 그 참혹함을 견딜 수 없구나. 저희의 먼 친척이나 가까운 친척

은 남아 있을 것이요, 간수해 둘 만한 사람은 있을 것이니, 훗날 문을 열어 주면 무엇으로 보답하리. 저희 것을 다 그대로 두었다가 내줄 터이니, 모두 다 헤아려서 장부에 적어 두고, 열쇠를 잠가 간수하라."

하시기에 간수하였더니, 중환이가 말하기를,

"그래도 살고 싶어서 죽은 사람의 세간을 간수하라 하시는가?"

하고, 세간을 지키는 사람을 심히 미워하였다.

대군의 세간을 난이가 다 가져가고, 나중에는 제 몸을 보전하기 위해서 나가려 했다.

어찌 된 일인지 계축년 겨울이 되었건만 데려가지 않으므로, 난이가 날마다 꾸짖어 말하기를,

"나를 중전의 침실 상궁으로 삼겠다고 하더니, 어찌 지금까지 데려가지 않는가? 그러므로 상감을 소 같다 하고, 의인 마마도 사람 같지 않다, 효성이 없다고 하시더니, 그러므로 그렇지 않은가?"

하며,

"대비 마마는 별스런 대비인 체하며 대군을 낳으시고도 그 자리를 지키지 못하셔서 이런 서러운 일을 당하셨으니 당신 탓이거니와, 나는 무슨 까닭으로 이렇게 졸리면서 살꼬. 동생과 조카는 저희만 잘 살고, 나는 똥구덩이에 빠뜨려 두고 내보내 주지 않는고. 한 사람이라도 아주머니를 생각해 주는 이가 없단 말인가?"

하고, 하도 악을 쓰니까, 듣다 못하여 어느 나인이 말하기를,

"내보내 주지 않는 것은 잘못이거니와, 상궁이 이 궁 안에서 산 지가 삼십 년이나 되었고, 이런 시절에 대군을 낳으신 것도 백 번 그르거니와, 당신의 처지가 서럽게 되었다고 하시면서 대비 마마신들 남에게 잡혀 있게 하고 싶을까마는, 원수를 만났으니 나인이야 죽으나 사나 무엇이 귀한 몸이라고 대비 마마를 원망하시는고."

하자, 난이가 버럭 화를 내면서 꾸짖기를,

"너희는 대비의 은혜가 소중하여 원망하지 않지만, 나는 하나도 은혜 입은 게 없다."

하고, 악을 더 썼다.

죽은 김 상궁을 밤낮으로 꾸짖기를,

"임진년에 선왕 마마의 수레를 따라가 시위하였네 하고 삼십도 못 되어 저희가 먼저 상궁이 되고, 나는 수레를 따라가지 않았다는 이유로 상궁을 시키라고 여쭙지도 않더니, 죽으러 갈 때는 착한 체하더구나. 잘도 죽었지!"

하고, 침실 창 밑에 앉아서 큰 소리로 꾸짖기를,

"김 상궁만 사람이라 여기시고 온갖 일을 다 하시다가 저렇게 되었으니, 지금도 김 상궁을 어여삐 여기는 마음이 계실까?"

하거늘, 어느 나인이 대답하기를,

"김씨가 원래 뜻이 맑고 충성스러워 대비 마마의 일을 힘써 했으며, 양 전 사이를 화목하게 하려고 하다가 양 전 사이에 간교한 사람이 많아서 이런 일을 꾸며 내어 대비 마마께서 비통한 처지가 되어 계시거니와, 자네가 상궁이 되지 않은 일 때문에 그 상궁이 그렇게 죽었을까? 자네가 대비께 불측한 말을 하니, 위아래도 분별하지 못하는가? 입이 있다고 해서 아무 말이나 다 할 수 있는가? 참는 일이 많지만, 자네의 세도가 태산 같으니, 무서워서 말을 누가 한단 말인가? 똥구덩이에 있지 말고 중전의 상궁되어 속히 나가소!"

하고, 말하자,

"아무튼 데리러 오기만 하면 노하지도 않고, 뒤를 돌아다보지도 않을 것이며, 붙잡는다고 있을 것인가."

하더니, 갑인년(광해군 6년) 봄에 데려갔다. 떠나갈 때 얼굴에 분을 바르고 자줏빛 장옷을 입고 나가거늘, 남들이 말하기를,

"오래 살다가 하직 인사도 않고 가는 것은 종의 도리가 아니다."

하였으나, 실컷 말을 하고 나서 그 옷을 입은 채 들어왔기에,

"장옷일랑 벗으라. 어전에서 장옷을 입는단 말인가?"

하니,

"무슨 어전인고. 지금도 어전이라 하랴. 언제 벗었다 또 입고 가리."

하고, 입은 채로 들어갔다.

평상시에도 대비 마마 나인은 모두들 수심 어린 얼굴로 세수만 하고 낡은 옷을 입고 부원군의 상복을 입고 있었는데 난이는,

"나는 대비의 종이 아니다."

하고, 분을 바르고 다니는 걸 보고 다른 나인들이,

"제 동생이 동궁의 침실에 있으니, 내관이 보아도 아무개의 동생이라고 하면서 핀잔을 줄 것이니, 아무리 보아도 괴이하게 보인다."

하고, 말했다.

난이는 평교자*에 태우고, 종은 말에 태워 데려다가 대궐에 가서 살게 하였다.

대군이 안 계시다는 소문이 나지 않았을 때, 어떤 사람이 꿈을 꾸니, 대군 아기씨만 들어와 계시다가 우시면서,

"나는 인간 세상을 흐뭇하게 버렸거니와, 저는 나를 죽였어도 나는 좋은 곳에 왔으니, 죽은 일이 시원하도다. 아주버님네도 인간 세상에서 슬프게 죽을 것임을 내가 다 알고 있다."

하시고,

"내가 있는 곳은 부처가 살고 있는 곳이요, 신선들이 살고 있는 곳이니, 간혹 만나서 벗삼아 노는 것이지 한데 있는 것은 아니다."

하시고,

"너무 서러워하지 마시라고 여쭈어라."

＊ 평교자 정1품 이상의 벼슬아치가 타던 가마.

하시어서,

"어찌 친히 들어가 여쭙지 아니하십니까?"

하고, 말하자,

"내가 그리워서 서러운 나머지 노상 울고 계시니, 내가 들어가면 더 욱더 서러워하실 것이므로 들어가지 않는다."

하고, 울고 가시었다.

갑인년 삼월에 내관을 보내어 변 상궁에게 말하기를,

"너희들이 전으로 모셔 평안히 살 것이지, 대군으로 임금을 삼으려고 도적과 사귀어 안으로 방정한 일을 하다가 제 명을 보전치 못하였다. 이제 살아 남은 나인들은 조용히 내 말을 듣고 따라야 무사하지, 만일 그릇된 일이 있을 때엔 분명히 죄를 밝혀 내어 법대로 처벌할 것이니 알아서 하라. 대군을 처음에는 경성에 두었는데, 죄인을 성 안에 두는 것이 옳지 않다고 조정 대신들이 하도 보채므로 두지 못하고, 강화도로 잘 옮겨 주었는데, 제 운명이 기박하여 너무 복이 지나쳤던지 오래 되지 않아 죽었느니라. 죄인의 시체는 찾지 않는 법이라 하여 조정 대신들은 버려 두라고 하였으나, 동기간으로서 차마 버리지 못하고, 형제간의 의리를 생각하여 해사로 비단 욧자리와 널을 갖추어 극진히 안장하였으니, 대비전이 아시어도 섧지는 않으리라. 그러나 경성에 두었다가 다른 지방으로 옮길 때 알지 못하셨으니, 제 명에 죽었건만 내가 죽였다고 할 것이다. 좀 나중에 아시게 하고, 즉시 여쭈었다가는 너희들을 잡아다가 옥에 가두고 멸족시킬 것이다. 너희들만 알고 있다가 아무 때나 무던히 여겨 들으시게 하면 아무런 근심이 없을 것이다. 틈틈이 앉아서 한숨 쉬면서 서러워하신다는 말이 있으면 내가 법대로 처벌할 것이니 듣고만 있거라."

하거늘, 변 상궁이 대답하기를,

"분부 말씀대로 하겠습니다. 하지만 평상시에도 울음을 그치지 않으시고 자주 목도 메시며 자결도 하시려고 몸종이 곁에 없는 때를 기다리시니, 아이와 늙은 근시는 다 죽어서 없고, 짐승 같은 것이 조그만 아이들만 데리고 있으면서 밤낮으로 떠나지 아니하고 모셨으나, 사람의 목숨은 예측할 수 없는 것인데, 한 해가 지나고 두 해 봄이 되도록 죽이나 미음도 드시지 않으시니, 만일 돌아가신다 한들 어찌 종의 탓이겠습니까? 곁에서 모시고 있었으나 두렵기는 양쪽이 다 어렵습니다. 차라리 죽어야 좋은 넋이 될까 합니다."

하고, 말하였다.

이튿날 또 말하기를,

"비록 죽고 싶다고 하나, 죄가 없어서 죽이지 않으랴. 대비전을 받들었으므로 죽이지 않았으니, 수라나 자주 권하여 잡숫게 하고, 슬퍼서 우시지는 못하게 하라."

하거늘, 대답하기를,

"속담에 서너 살 먹은 아이도 제가 하고자 하는 일을 거스르면 좋아하지 않고, 아무쪼록 제 뜻대로 하여야 울음을 그치는 법입니다. 하물며 대비 마마께서는 남들이 당하지 않는 설움을 당하시어 밤낮으로 애통해하시는 소리를 그치지 아니하시고, 두 해가 되도록 어머님과 아기씨의 생사를 알지 못하시어 마치 몸에 불이 붙는 듯하고, 살아 있는 물고기가 볕이 잘 드는 양달에 내다 놓은 것처럼 허둥거리시면서 밤낮으로 우시고 냉수만 마시오니, 수라야 더욱더 권할 길이 없습니다."

대군께서 돌아가셨다는 말을 듣고 곁에서 모시고 있는 나인들의 설움이 그지없으나, 날마다 와서 위협을 하니 어찌 울 수 있으리요. 가슴을 두드리고 원통해할 따름이었다.

사월이 되도록 여쭙지 않았는데, 먼저 꿈을 꾸시니, 두 젖이 흐르고 모든 사람들이 아기씨를 안았다가 대비 마마께 안겨 드리자, 대비 마마

께서 우시면서 반겨 젖을 먹이시다가 깨달으시고,

"마음이 새로이 놀랍고 살이 떨리어 지금은 진정할 수가 없으니, 어찌하여 이런가?"

하시거늘, 근시가 대답하기를,

"젖이라 하는 것은 아이의 밥줄이니, 아기씨께서 장수하시어 대전의 마음을 자연히 풀어지게 하시어 서로 만나실 상서로운 꿈입니다."

하였더니, 그 후에 또다시 꿈에 아기씨가 대비 마마께 와서 안기시면서 말씀하시기를,

"머리 빗을 사이에 옥황상제가 있다는 하늘의 옥경을 보았사온데, 인간의 의복과 수의와 오곡백과를 만들어 놓았더이다. 소자를 여의시어 서러워하시지만, 소자는 옥황상제를 만나 보았나이다."

하고, 울기에 대비 마마께서 붙들고 묻기를,

"어디를 갔었더란 말이냐. 나는 너를 여의고 서러워서 죽고자 하였는데, 너는 어찌 간 곳도 일러 주지 않았느냐?"

하시자,

"아셔도 쓸데없나이다."

고 하면서 가니,

"이것이 어찌 평상시의 보통 꿈이겠느냐? 죽여 두고 나를 속이는가 싶으니, 바른대로 일러 주면 좋으려니와, 이 설움을 참지 못하여 당장 죽어 한데 가고자 한다."

하고, 하도 보채시므로 상궁이 설움을 참지 못하여,

"눈물이 흘러 옷이 젖으니, 어찌 설움을 참으며, 무쇠나 돌덩이 같은 마음인들 참을 수 있습니까? 안부를 전하려고 하다가 못 하여 이렇게 꿈에 나타나 말씀하시니, 우리는 속이고자 하나, 아기씨께서 영검하시어 자주 꿈에 뵈오시니, 인간은 속일 수 있으나 신령은 속일 수 없습니다."

하고, 대답하자 대비 마마께서는 졸도하시어 죽어 계시다가 가까스로 냉수로 깨어나시게 하여 여쭙기를,

"아기씨께서는 벌써 범의 입에 들어감을 면치 못하셨으니, 이제 아무리 간장이 녹도록 슬퍼하셔도 살아서 돌아오실 수가 없습니다. 병이 드신 본가댁 어머님께서는 동생님네 어린 자손을 데려오시고 의지할 데가 없으시어 대비 마마를 다시 만나 보시고자 살아 계시옵니다. 아기씨를 위하여 옥체를 버리시면, 저쪽 사람들이 더욱더 마음 속으로 아주 기뻐하면서, 모진 일을 꾸며서 방정한 일을 저지르다가 발각당하시어 스스로 목숨을 끊으셨다고 역사책에 기록할 것이요, 악한 이름을 실을 것입니다. 대비 마마께서 먼저 돌아가시면 온갖 일을 다하셨다고 할 것이니, 슬픔을 참으시어 잠시 견디어 보십시오. 종들도 역시 서글프고 불쌍하며 잔인하게 당하지 않았습니까? 평상시의 좋은 시절에는 높고 귀하게 모시고 살았는데, 이제는 나인이 들판에서 풀을 매는 하인만도 못하여 해골이 길거리마다 굴러다니고, 의금부의 나장에게 붙잡혀 들어가서, 선왕 마마를 가까이 모시던 사람이나 의인 마마 혼례를 치를 때의 사람들이 모두 다 중형을 받아 죽었으니, 불쌍하고 애처롭습니다. 차라리 죽어서 듣지 않고자 하나, 대비 마마를 생각하고 살아 있는데, 이제 돌아가시면 우리를 살려 두겠습니까? 새로 옥사를 일으킬 것이니, 한 아기씨를 위하시느라고 남아 있는 사람들을 다 참혹하게 죽게 하시지 마십시오."

하자,

"난들 무슨 일을 헤아리지 않으랴마는, 아무것도 모르는 아이가 내 슬하에서 자라나는 모습이나 보려고 했더니, 위력으로 빼앗아 갔을 뿐만 아니라, 가 있는 곳도 일러 주지 않다가 죽였으니, 창자를 끊어 내는 듯하고 칼로 살을 베어 내는 듯하여 설움을 참지 못하노라. 어머님의 안부를 비롯하여 나 때문에 슬프게 죽은 동생들을 생각하니,

이제 죽어서 황천에 갈지라도 아버님과 오라버니도 반가이 뵙지 못하여 부끄러운 넋이 외로이 떠돌아다닐 것이니, 참는 일이 많아서 죽지는 못하나, 무슨 원수로 이런 서러운 일을 당해야 하느냐. 지은 죄가 없으니 설움은 내가 받을 것이로되, 선왕께 대한 원한으로 한갓 나를 미워하는 일을 한다는 말인가? 선왕께서 사랑하지 않으셨다고 하여 가슴 속에 원한을 품고 있다가 나에게 와서 풀고 있으니, 이 원한을 나에게 푸는 것은 말할 것도 없거니와, 나의 가문과 어린 대군을 다 죽였으니, 어찌 한갓 슬프다고만 하겠느냐? 세세생생에 다시는 이런 소리를 듣는 땅에는 태어나지 않기를 바란다. 문을 열어 주거든 늙으신 어머님의 안부를 듣고자 한다."

하고, 문안하러 온 내관에게 말씀하셨으나 들은 체도 하지 않았다.

봄이 지나고 여름이 가고 가을이 되어 나인들이 땀띠가 심하게 나서 앓고 있는 것을 보시고,

"약이나 해서 먹이고 싶다."

하였으나, 들은 체도 하지 않았다.

변 상궁만 남았으니, 모든 나인들이 어미를 믿듯이 따르고, 대비 마마께서도 믿고 계시는데, 변 상궁마저 아파서 자리에 누워 있는 것을 보시고, 대비 마마께서는 더욱더 망극히 여기시어, 어떻게 해서든지 살려 내시려고 가지각색 약으로 병구완을 하셨으나, 나이가 많고 정성스러운 마음을 많이 써 온 사람이어서 열이 심하여 살아날 길이 없었다.

"일을 하다가 더 이상 할 수 없어, 나인이 병으로 누워 있으니 내보내고 싶다. 살아날 수 없겠다."

하고, 여러 번 간청하였으나 들은 체도 하지 않는 것을 보시고 또다시 간청하자,

"무슨 짓을 하려고 거짓으로 병 났다 핑계 대어 나인을 내보내고 싶다 한다더냐?"

하기에 무서워서 더 이상 아무 말도 못 하였다.

그 병세가 수상하여 회복될 가망이 없는 것을 보시고, 또다시 내보내 달라고 간청하시자, 그제야 내보내되 별장, 내금위장, 대전 내관 들이 모두 나와 차비문 안에 서서 의녀로 하여금 상궁의 속치마며 바지를 뒤져 보게 하는 등, 그 욕됨이 가볍지 않았다. 또, 옷 사이에 무엇이 들었는지 보려고 햇빛에 쳐들어 비춰 보기도 하고, 신은 것을 모두 벗겨서 털어 보기도 하고, 머릿속도 뒤져 보고 나서야 내관이 말하기를,

"대전 전패*가 없으니 별장, 내금위장을 다 들이밀어 보고, 행여나 글월을 품고 가거나 품고 있는가 하고 대비를 믿지 못하여 별장을 내보내어 지키게 하였으니, 데면데면히 보았다가 나중에 무슨 일이 일어나게 하지 말고 들이밀어 보라."

하자, 고자며 모든 놈들이 상궁을 껴안아 들이밀어 보고,

"아무것도 없다."

하자, 그제야,

"동생더러 들어와 데려가라고 하라."

하였다.

병이 들어 인사불성이 되었으니망정이지, 욕스러움이 가볍지 않아서 웬만한 병이면 차마 나갈 엄두를 내지 못할 지경이었다.

모든 나인이 울면서 빌기를,

"병이 위중하여 살아나지 못할 것이거늘 나가면서 무엇을 가져가리라고 저렇듯 심하게 뒤지는고? 죽으러 가는 나인이라고 뒤져 보고, 병이 들어 나가니까 의녀를 시켜 뒤져 보고, 치욕을 당함이 가볍지 않으니, 나인은 상사람이니까 그렇다 치더라도, 대비 마마의 체모는 조금도 헤아려 주지 않소?"

* 전패(傳牌) 임금의 명령을 전하는 표.

하니, 내관이 대답하기를,

"우리더러 말해 봤자 속절없네. 우리도 죽을 일이 두려워서 이렇게 하네."

하고, 말하였다.

변 상궁이 나간 지 오랜 시일이 지난 후에 대비 마마께서, 변 상궁의 병이 깨끗이 나았거든 다시 궁 안으로 들어오게 해 달라고 간청하였으나 대답도 하지 않았다.

변 상궁은 구월에 나갔다. 그리고 그 이전에 감찰 상궁으로 다니던 천복이를 내전에서 더디게 잡아낸다 하여 감옥에 가두었다. 그런데 시월 이십일에는 은덕이의 조카를 데려다가 시양자로 만들어 두고 내외에 말을 서로 통하고 있더니, 무슨 요망한 짓을 꾸미려고 그랬는지, 잘 달래어 대비 마마께 들여보냈다. 이 사람이 본래 주변머리가 없어서 나이가 육십이로되 자식이 없고, 얼굴이 괴상하게 생겼으며, 모습이 등기름을 칠한 사람처럼 생기고, 언문 한 자도 잘 쓰지 못하는데, 의인 왕후 때부터 쓰이지 못함을 야속하게 여기어 원망하는 마음을 품고 있었다.

이 때에도 아무 임무도 맡지 못하여 매우 서러워한다고 하시면서,

"제 행실이 용하지 못한 줄은 모르고, 나이가 많도록 고생하며 살고 있으니, 그도 사람이어서 불쌍하다."

하시고, 감찰 상궁을 시켰더니, 대전과 내전으로 문안하러 다니면서 아침에 문안하러 갔다가 낮쯤에 오기도 하고, 또 저녁때쯤에 오기도 하며, 은덕이와 가히와 날이 저무는 줄도 모르고 재미있게 지내었다.

천복이가 말하기를,

"대군이 남과 달라서 자라나면 큰 사람이 될 것이다."

하니, 은덕이가 말하기를,

"아무리 재주가 있어도 사는가 어디 두고 보자."

하였다.

이런 사람을 들여보냈건만 무슨 영문인지 모르시므로 마음을 한없이 너그럽게 쓰시자, 들어와서 인사도 하지 않고 묻기를,

"마마 어디 계신고? 올라가 이르거라."

하니,

"아무 데 계시거니와 잠시 머물러 있다 가소."

하니까, 대답하기를,

"나를 대전에서 일부러 보내어, 변 상궁이 병들어 나갔으니, 네가 들어가 모시라고 하셔서 왔으니, 얼른 들어가게 하여라."

하거늘,

"무엇이 바쁠꼬? 아주 들어왔으면 더 든든한 일이니 물러가 쉬라."

하자, 성을 내면서 말하기를,

"내가 좋아서 왔을까? 싫어서 마다고 하였으나 대전과 내전이, '네가 들어가야 잘 모시리라. 들어가지 않으면 무거운 벌을 주리라.' 하시기에 온 것이지, 싫어하실 줄 알았으면 왔을까?"

말이 아주 막되어 먹어서 처음에는 몹시 싫고 미웠다. 즉시 들어가서 침실 지게문을 열고 바로 들어가 앉으면서 여쭙기를,

"대전과 내전이 일부러 불러다가, 네가 직접 모시되, 옥체를 만지면서 모시라고 하시기에 왔나이다."

하니, 대비 마마께서는 하도 괘씸하게 여기시어 대답도 하지 않으시자, 앉아 있지 못하고 밖으로 나와서 모든 하인더러 말하기를,

"왔는가 하여 미워하지 마라. 내가 오고 싶어 온 것이 아니니 싫어하지는 마라."

하거늘, 대답하기를,

"대비 마마께서는 괴로우셔서 노상 울기만 하고 계실 때 변 상궁이 들어가서 위로하여 드리고, 모든 아이들을 잘도 거느리시더니 병으로 나가게 되어 원망스럽기 한이 없는데, 무슨 까닭으로 상궁 오셨다

고 하여 싫어하실꼬? 즐겨서 문을 연 것처럼 시원하게 여기시네."

하자, 대답하기를,

"대전과 내전이 보내시면서 대비 마마를 잘 모시라고 하여 왔으니, 나는 문 열고 안 열고에 대해서는 대답을 못 하네. 대비전에 밥 지어 먹고 옷 지어 입을 사람이 없거든 시녀를 시켜서 지어 입고, 옷감이 없거든 대비 마마께 여쭈어 옷을 주소서 하여 입고, 조금이라도 네 말을 듣지 않거든 문안하러 다니는 내관을 시켜 글로 적어서 보고하라, 잘못된 일이 있으면 내수사로 잡아내어 죄를 줄 것이며, 보경이* 와 병든 사람이 있거든 즉시 내보내라 하시더라."

하거늘, 모든 나인이 놀라서 얼굴빛이 하얘졌다.

한 나인이 말하기를,

"그러면 좋겠지만, 병든 사람을 내보내거나 말미를 주거나 하는 일은 대비 마마께서 하시는 일이지, 마음대로 내보내라 하실꼬?"

하니, 잠자코 있었다.

여러 날이 지나건만 대비 마마께서 불러 보지 않으시자 노하여 말하기를,

"부리고 안 부리시는 일을 글로 적어서 보고하라고 하시기에 하겠노라고 대답하고 왔는데, 이렇게 섭섭하게 대해 주시니, 대전을 두려워하셔서 그러시는 모양이니, 내가 반드시 보고할 것이다."

하고, 하도 벼르므로 곁에서 모시고 있는 나인이 여쭙기를,

"천복이가 들어온 것이 불행한 일입니다. 제가 들어와서 하는 행실이 괘씸하기 짝이 없으나, 들어온 지 여러 날이 되었지만 한 번도 불러 보지 아니하셨으니 불러 보시기를 청합니다."

하니,

---

* **보경이** 월경이 있는 여자.

"제 얼굴이 더럽고 행실과 말씨가 심히 괘씸하여 보기 싫거니와, 한 번 오라고 하여 제 말을 들어 보겠다."

하시고, 불러 보시니, 평소에 대비 마마를 모시지 않았던 사람으로서 곱지 않은 얼굴을 치켜들고 꼿꼿이 앉아 바라보기가 어렵고 두려운 일이건만, 아주 좋은 체하면서 얼굴을 툭 치켜들고 번듯이 나와서 앉거늘, 대비 마마께서 물으시기를,

"네가 어찌 들어왔는고?"

"소인더러 들어가서 옥체도 잘 보살펴 드리고, 요사스런 일을 하거든 못 하게 금하고, 보고하라고 하십디다."

"그것 참 용한 말이구나. 내가 아무리 초라한 처지가 되었다 하나 종 부리는 것조차도 남이 참견한단 말이냐? 시어버이를 며느리가 이래라 저래라 참견하는 나라가 어디 있느냐? 나는 하는 일이 없으니, 네가 들어와서 살펴보아라. 부모와 동생이며 어린 아기조차 없애고, 이제 무엇이 나빠서 가둬 두고 용납하지 못하게 하는고? 네가 만일 그 죄책을 입을 때 누구와 어울려서 입으라고 하더냐. 보잘것없는 평범한 사내에게 물어 봐도 믿지 못할 것이니, 나를 비참하게 만들어 놓고 선왕의 아들이라 하니, 이름이 더러워질까 봐서 아낀다. 내전이 정사에 참견하니, 잘 참견하여, 하지 말아야 할 일을 못 하시게 깨우쳐 드리면 듣지 않으시겠느냐마는, 제 편한 대로 들어앉아서 대전의 잘못하는 일을 따르는구나."

하시자, 천복이가 여쭙기를,

"문을 열고자 하시나 어명을 얻지 못하시어 그러시니, 양 전*이며 세자께 친히 글월을 쓰시어 소인에게 주셔서 내관을 시켜 전하게 하면 반드시 반겨 들으실 것입니다."

---

* 양 전 광해군과 그 아내.

"전날에도 여러 번 간절하고 지성스럽게 적어 보냈으나 한 쪽 대답이 없었다. 비록 서럽기는 하나 또 간청하지는 못할 것이니 물러가라."

하시자, 천복이는 나와 앉아서,

"아무리 젠체하시어 어버이라고 빌지 않으신다고 해서 대전과 내전이 어버이라고 하실까? 그렇게 생각지 않으신다."

하고, 말하기에 어느 나인이 대답하기를,

"선왕 마마께서 직접 맞이하신 중궁이시고, 공주와 대군을 낳으셨는데, 모진 법을 시행하여 아니라고 하나 그게 옳은 일인가?"

천복이가 대답하기를,

"대전 어머님이신 공성 왕후*께서 돌아가신 후에 칭호를 내리시어 성릉에 모시었고, 대군을 죽였으되 누가 따질 것이며, 선왕 마마를 제 아버님이라 여기시는 줄 아는가? 살아 계셨을 때 세자라 해 놓으시고도 사랑치 않으시고 가르치지 않으셔서, 이제 왕으로 계셔도 아무 일도 못 하시니, 더욱더 애달파하시어 원한을 대군에게 풀었으니, 어쩔 수 없다."

하기에,

"아버님과 어머님을 다 헤아리지 아니하면 어디서 태어나셨는고?"

하고, 말하였다.

이러고 있는 사이에 동짓달이 거의 다 되었는데, 천복이가 입을 것이 없다고 엄살부리면서 앙탈하는 걸 아시고, 초록색과 흰색의 명주를 내주시고, 솜이며 신이며 주시고 말씀하시기를,

"너를 예사로운 나인인 줄 알고 대답하지 않았다만, 계축년에 나간 나인을 내놓으라고 보채더니, 두 감찰 상궁을 잡아다가 감옥에 가두어 고생하게 하는데, 네가 추워한다 하기에 입을 것을 주는 터이니,

* 공성 왕후(恭聖王后) 광해군의 생모인 공빈 왕후.

먹을 것을 자주 가져다 주도록 하라."

하셨다.

불을 땔 나무며 음식을 주신다고 하고 보내면, 천복이는 엄연히 누워서 대답하기를,

"주시니 웃어른의 은덕은 한이 없지만, 나는 귀하게 여기지 않는다. 이년조차 대비 마마 것은 싫어한다."

하자, 가져갔던 사람이 차마 듣지 못하여 이내 나오고 말았다.

대비 마마께서 친히 글월을 써서 양 전과 세자궁에 문을 열어 달라고 비셨는데, 이튿날 내관을 보내어 천복이를 그르다고 하였다는 말을 천복이가 듣고 용심하여 누워서 말하기를,

"나를 달래어 들여보내셨는데, 침실에서 사는 것이라서 시키는 일을 하게 하여 나를 살리실까 여겼더니 부리지 않으시니, 저쪽에서는 일을 않는다고 미워하시니, 죄를 입을까 두렵다."

하고, 근심하면서 대소변을 보았다.

행실이 야무지고 똑똑하면 어여쁘게 여기지 않으실까마는, 말이 하도 괘씸하고 미워서 조금도 어여쁘게 여기지 않으시되, 입을 두려워하시어 미워하는 기색을 보이지 않으시고 좋은 체하시었다.

하루는, 천복이가 공주를 뵙고 말하기를,

"어머님 같다마는, 서방 맞을 데 없고, 옷 입은 태가 같으니 보기 싫다."

하였다.

공주가 천연두를 앓으시자 천복이가 기뻐하면서,

"이제야 뜻을 얻었구나."

하고, 생각하나 어쩔 도리가 없어 답답하게 여기었다.

침실의 문을 닫고 조심하자, 천복이가 아파서 누웠다가 그제야 일어나더니, 나와서 두루 살펴보고 나서 천연두인 줄 알고, 들어앉아서 일

부러 고기를 저미고 술을 먹었다.

남이 들어가 보니,

"허락을 받아 술과 고기를 먹지는 못할 것이니, 우리 가만히 먹자."

하고 먹었다.

침실에서는 먹는 줄을 알지 못하였으나, 대비께서는 아시고,

"천복이란 놈이 몰래 들어앉아서 고기 뜯고 술 먹으면서, 가만히 먹자고 했다니 괘씸하고 다랍다. 어서 빼앗아 오너라."

하시기에 사람을 보내어 들어가 보게 하였더니, 과연 한 사람을 데리고 앉아서 먹고 있었다.

천복이는,

"저도 하도 가엾어서, 곧이듣지 않기에 먹는다."

하고, 말하였다.

이 무렵, 기회를 엿보고 있던 천복이가 침실 처마에 가만히 불을 질렀는데, 불을 지른 때는 섣달 십칠일 이경*이었다. 마침 늙은 문 상궁이 마음이 곧고 순박하여 침실 옆의 방이 더운데도 대비를 위하여 항상 숙직하고 있었는데, 불 붙는 소리가 다급하게 났다.

'인정*은 벌써 쳐서 이경이 지났는데 불 붙는 소리가 나니, 이게 어찌 된 소리인고? 천복이가 제 방에서 혼자서 자고 있으니, 틀림없이 요망하고 간사스러운 마음으로 불을 지른 모양이다.'

하고, 급히 지게문을 열고 나가서 바라보았다. 붉은 불빛이 하늘에 가득 차고, 불 붙는 소리가 가까이서 들리므로 샛문을 열고 나가 보니, 침실에 맞붙어 있는 행랑채에서 불이 붙어 타오르고 있었다.

행랑채와는 한 치밖에 떨어져 있지 않은 침실에서는 아기씨를 위하여 방문을 다 닫고 앉았다가 잠깐 잠이 들어서 불 붙는 소리를 듣지 못

---

* 이경(二更) 오후 9시부터 11시까지.
* 인정(人定) 통행 금지를 알리는 종.

하였다. 깜짝 놀라서 닫았던 문을 확다닥 열어 젖히고, 사람들이 내닫는 소리를 듣고 뒤쫓아 갔다. 어른거리는 불빛에 눈이 부시어 한달음으로 소리를 지르고,

"불이야! 불이야! 불이야!"

하고, 소리치자 모든 사람이 다 나와서 보는데, 천복이만 홀로 나와 보지 않았다. 나인들이 옷을 벗어 물에 담갔다가 휘둘러 쳐서 불을 껐다. 숯섬*에 불을 질렀으므로 섬을 잡아 내쳤으나, 처마 끝은 벌써 타서 내려앉아 있었다.

옷을 벗어서 무수리들로 하여금 불을 끄게 하였다.

불을 다 끈 후에야 천복이가 종을 데리고 나와서 말하기를,

"숯섬에 불이 나는 것은 이상하지 않다. 본래 숯섬이란 것은 오래 쌓아 두면 불이 나는 법이다."

하자, 모두들 대답하기를,

"숯에서 저절로 불이 난다면 선공감*에는 어찌 숯을 쌓아 두었느냐? 시방 여러 곳에 숯을 쌓아 두었지만 불이 난 데가 없는데, 이 불이 심히 괴이하다."

하자,

"그렇다고 누가 이같이 불을 놓았다 하겠는가?"

하고 말하였다.

천연두를 지금 앓으시는데, 놀래어 타 죽게 하려고 한 짓이었다. 곁에서 모시고 있는 나인이며 대비 마마께서 놀라 어찌할 줄을 몰라하시면서 공주를 데리시고, 몸채에 불이 달라붙어 오거든 내려오려고 하시는데, 아이, 늙은이 대여섯 명의 나인들이 나서서 끌 수 없는 불을 껐으니, 어찌 예사로운 속인이라 할 수 있겠는가?

* 숯섬 숯을 담는 멱서리.
* 선공감(繕工監) 건축물에 관한 일을 맡아 보던 관아.

천복이는 어떻게 해서든지 천연두를 심하게 앓기를 바라는 마음에서 종을 시켜 가만가만 은밀히 칼질도 하며 온갖 음식을 다 시켜 먹고 있었다.

하인들 중에는 여러 아이들이 있는데, 그릇된 일을 시키면 늙은 나인이 야단치면서 때리자, 그 아이가 화를 내어 대여섯 아이를 데리고 도망하여 가서 가히를 만나고 싶어하자, 즉시 나와서 말하기를,

"대비와 공주는 어찌 있으며, 나인들은 무슨 일을 하느냐?"

하고, 묻자 대답하기를,

"대비 마마께서는 밤낮으로 우시고, 공주께서야 무슨 일을 하시겠으며, 나인인들 무슨 일을 하시겠습니까? 아무 일도 하지 않습니다."

하자, 시녀 정순이가 꾸짖어 말하기를,

"대비 마마라니 무슨 말인고? 그저 대비라 하여라. 공주께서라니 무슨 말인고? 그저 공주라 하여라. 공주가 늙더라도 그저 늙게 내버려 두지, 부마를 얻게 하겠느냐? 죽더라도 그저 죽도록 내버려 두지 내어 오겠느냐? 대비가 되었다고 해서 누가 위해 주겠느냐? 대비의 성질이 사납기가 헤아릴 수 없어, 우리 대전을 죽이고 대군을 세자로 세우려고 하다가 저렇게 들켜서 갇혀 있는 것이다. 조금도 대비를 위할 생각일랑 마라. 위하면 죽이겠다. 벌써부터 손꼽아 오라고 해도 오지 않더니 어찌 이제야 왔느냐?"

하자, 대답하기를,

"어버이의 소식을 몰라서 안부나 얻어 들으려고 왔습니다."

하자, 가히가 대답하기를,

"너희들도 거기서 하는 일을 다 말해 주면 안부도 듣게 해 주마."

하자, 대답하기를,

"아무 일도 하시는 일이 없이 서러워만 하십니다."

그러자 정순이가 꾸짖어 말하기를,

"조금이라도 속이면 다 잡아다 가둘 것이니 바른대로 말해라."
하자, 대답하기를,

"아는 일이 없으니, 죽이신다 한들 모르는 일이야 어찌 말할까?"

정순이가 꾸짖기를,

"말하지 않으니 괘씸하다. 어버이를 속히 보고 싶거든 대비를 얼른 죽이거나, 그렇게 하지 못하거든 불을 놓아라. 불을 놓으면 너희들은 모두 다 양반되고 나가기가 쉬워진다. 너희들이 왔으니 고기하고 술을 먹이겠다."

하고, 술과 고기를 주었으나 먹지 않자,

"어찌 먹지 않는고?"

"슬퍼서 못 먹소."

"슬프다고 저것을 못 먹으랴. 어서 먹어라."

"대비를 꾸짖으니 서러워서 먹지 않소."

"어찌 우느냐?"

"들어갇혀서 슬픈 처지를 생각하고 웁니다."

"어서 먹어라."

"꺼려하고 피하느라고 고기를 먹지 않던 것이라 먹지 않습니다."

"무엇을 꺼려하고 피한다는 말인고?"

"공주께서 천연두를 앓으셔서 꺼리는 것입니다."

가히가 그 말을 듣더니 놀라고 기뻐하면서 묻기를,

"얼마나 돋았느냐?"

"작게 돋았다 합니다."

"어디까지 하였느냐?"

"거의 다 하셨습니다."

"천복이를 침실에서 부리시게 하였는데, 누가 막아서 부리시지 않게 하였느냐?"

"아이들이 대비 마마의 일을 어찌 알겠습니까?"

"설마 듣지도 못했을까?"

정순이가 또 꾸짖어 말하기를,

"대비 마마라고 하지 말라고 했는데도 또 어찌 대비 마마라 하느냐?"
하자, 가히가 정순에게 눈을 흘기면서 꾸짖어,

"잔말 마라."
하자, 정순이가 또 말하기를,

"무엇이 예쁘다고 꾸짖지 말라고 하시는고? 대전 마마를 죽이려고 하던 일이 고마워서 꾸짖지 않을까?"
하였다.

중환의 무리에 속하는 아이들이 가히에게 넘어가면 내어보내 줄까 하여 넘어갔다가, 심하게 꾸짖고 대비 마마를 욕하므로, 따라갔던 아이들은 화를 내고 애달파하면서 도로 넘어오면서 혼자말로 말하기를,

"이럴 줄 알았더라면 가지 말 것을, 괜히 욕만 보았구나."
하고, 울고 온 아이도 있고,

"우리들 다시 가 보자."
하고, 말하는 아이도 있었다.

침실 상궁들은 꺼리고 피하기 때문에 방 안에 들어가 있어서 알 길이 없었는데, 사옥이라는 아이가 침실 처마 밑에서 지키면서 자고 있었다.

하루는, 남들과는 다르게 늦도록 자기에 수상하게 여겼는데, 그 곳 나인들이 모두들 담을 넘어와서 말을 하지 못하게 단속을 해 가면서 부엌의 불을 가져다가 처마에 불을 놓았다. 그러자 자던 사람이 가까스로 일어나 물을 길어다가 불을 껐다. 하지만 누가 불을 놓았는지 알지도 못한 채, 무서워서 불이 났다는 말을 내지 못하고, 아는 사람들은 입을 다문 채 그냥 참고 살았다.

이 아이들이 연달아 넘어가서, 두려운 마음을 먹고 궁중에서 야경을

돌면서 험한 말로 겁을 먹게 하고, 불을 놓아 요란하게 하였다. 밖에서는 납향제*에 쓰일 돼지를 많이 들여오자, 내관이 내전께,

"어떻게 하여 들여갈까요?"

"토막을 쳐서 들여가라."

하니, 차비문에서 도끼로 돼지며 사슴과 노루를 토막치는 소리가 침실에까지 들려 오고, 그 고기를 굵고 긴 나무에 꿰어 들여가자,

"조금 있다가 들여오라고 하거든 들여오라."

하자, 내관이 큰 소리로 꾸짖기를,

"우린들 마음대로 할 수 있을까? 전에는 그냥 들여가게 하시더니, 올해는 어쩐 일인지 토막쳐서 들여가라고 대전께서 어명을 내리시니, 마지못하여 그렇게 하여 들이는 것이니, 잔말 말고 어서 들이라."

하였다.

사람이 미처 그 고기를 받지 못하면 군사가 들어다가 내팽개치고,

"어서 문 닫으라."

하고 소리쳤다.

천연두를 앓을 때에는 칼질과 도끼질이 가장 흉한 일인 줄 알고 일부러 토막쳐서 들여가라고 한 것이었다. 그래도 신령이 도우시고 애처롭게 여기셨는지 역질을 순하게 지내셨다.

그 곳 나인들이 날마다 높은 곳에 올라가 망을 보다가, 그 곳에 갔던 아이를 보고 손짓을 하여 오라고 하면 아이가 담을 넘어가곤 하였다.

한번은 이경에 담을 타고 넘어가려고 하는 것을 어느 시녀가 마침 나가다가 보고, 제 윗사람에게 이르러 온 사이에 뛰어 내려와서 제 방으로 가서 자는 체하고 자고 있으므로, 누가 넘어가려고 했는지 알 수 없었다. 잡아도 처치하기가 어려워 짐짓 모르는 체하고 내버려 두었다.

---

* **납향제** 동지 후에 그 해의 농사 형편 등을 신에게 고하는 제사.

저희는 어떻게 해서든지 나갈 꾀를 짜내느라고 뭐라고 말할 수 없는 온갖 계교를 다하여 나가려고 하였다. 그 곳의 나인이 밤에 담을 타고 넘어와 버드나무 위에 앉아 있다가 사람을 만나면, 신고 있던 것을 다 벗어 던지고 달아나곤 하였다. 다른 나인들은 혹시 저를 잡으러 왔는가 하고 무서워서, 어쩌다가 밤에 대비전의 나인을 만나도 남의 전의 나인인 줄 알고 몹시 놀라고 정신을 잃어 저도 모르는 사이에 소리를 지르고, 누구인가 하여 소리를 지르면,

"내로세."

하면, 마구 소리를 지르고 달아날 곳을 알지 못하는 형편이었다.

을묘년(광해군 7년) 봄이 되자, 변 상궁이 나간 후에 죽었는지 살았는지 알지 못해서 말씀도 못 하고 내버려 두었는데, 어떻게 생각했는지, 아무 말도 하지 않았는데도 사월 그믐날에 들여보냈다. 들여보낼 때 상궁을 들어오라고 하여 들어가니, 가히가 나와서 보고는 손뼉을 치고 말하기를,

"우리를 죽이려고 하다가 하늘이 잡아냈으니, 대전이 누구시라고 죽이려 했던고? 하늘이 앙화를 내려 주신 것이니, 누구의 탓이라고 할꼬? 이제나 곱게 살지 않고 하늘에 제사를 지내어 죽으라고 빌다가 그것도 들통이 났으니 거짓말인가?"

하고, 손뼉을 치고 소리를 지르며 허둥대면서 말을 하므로, 이쪽에서는 입이 있다 한들 무슨 말을 할 것인가? 아무 말도 아니 하고 앉아 있으니, 천천히 손을 펴 휘저으면서 이리저리 오락가락하였다.

"아주 입을 다물고 잠자코 있는 걸 보니 분명히 그렇게 하였구나. 입이 있다 한들 그릇된 짓을 하였으니 무슨 말을 하랴. 하도 옳은 말이어서 말없이 앉아 있느냐?"

하였다.

내전이 친히 만나서 할 말이 있다 하기에 한참 동안 기다리고 있었으

나, 무슨 계략을 꾸몄는지 다시는 부르지 않고 사람을 시켜 말하기를,

"애당초 너를 죽여야 했는데도 죽이지 않았으니, 대전의 은덕인 줄을 아느냐? 그 동안, 꾀를 부려 병이 있다고 핑계를 대고 나온 것이므로 너를 들여보내지 않은 것이지만, 모실 사람이 없다 하기에 너를 들여보낸다. 이제부터는 요사스런 일은 하지 말고 잘 모시라."

하였다.

가히가 달려나와,

"내 말을 듣고 저렇듯 서러워하시니, 어서 죽으시면 시원하련만. 대군을 세자로 내세우고 잘 살려고 하다가 발각되었으니, 부디 내 말을 듣고 이제라도 죽으시지. 공주야 내전 마마께서 어련히 길러서 성혼시키실까? 공주는 자라나고 문은 열 수 없으니, 도적의 무리도 못 잡았고, 공성 왕후 마마도 명나라에 허락을 받으러 갔으니, 이제 문을 연다고 해서 어찌 용납하실 것인가? 어서 돌아가시면 대전과 내전께 다 좋으시련만."

하고, 말하였다.

하도 분한 생각이 들어, 이제 죽은들 무엇이 두려울 게 있으랴 싶어서 말하기를,

"죽고 사는 것은 운명에 달려 있는데, 어찌 마음으로 죽으시오 하겠는가? 벌써 죽으라고 밤낮으로 소원하시되 어쩐 일인지 살아 계시니 더욱더 서러워라."

하고는,

"공주 아기씨야 어련히 잘 기르실까마는 부모보다 더 나은 사람이 있을까?"

하자, 가히가 웃고 말하기를,

"아까 한 말은 웃노라고 한 말이네. 살아 계시다가 우리가 어찌 되는가 보려고 하신다고 하던데 맞는 말인가?"

하기에, 대답하기를,

"사람의 마음은 다 한가지인데, 나는 듣지 못하던 말이로세."

하자, 가히가 말하기를,

"대전이 죽으셔도 세자가 계시니, 잠가 놓은 문*이 썩는다 한들 열기가 쉬울까? 지금도 세자께, '나 죽은 후에도 내가 살았을 때와 같이 하라.' 고 하시므로, 좋은 일을 보고 살 날이 있을까 여기지 마소. 상궁이 내 말을 들으면 이로운 일이 있을 것이니 듣소. 자네가 이 말을 입 밖에 냈다가는 온 가족이 몰살당하는 화를 입을 것이니, 자네하고 나하고 맹세하여 보세."

하도 무서워서 대답하기를,

"나는 말 참기를 못 하니, 그런 말은 듣지 않았으면 좋겠소."

하자, 가히가 앞으로 나와 다가들면서,

"우리는 아이 때부터 같이 살다가 우연히 사이가 끊어지지 않았는가? 대비 마마를 모시고 산 지는 얼마 안 되는데, 무슨 정이 그리 중하실꼬?"

하고, 웃으면서 온갖 말로 달래면서 위엄을 부려 말하기를,

"양 전께서 상궁을 만나 보고 친히 말씀하시고자 하시더니, 연고가 있어서 만나 보시지 못하므로 나더러 전하라고 하시기에 말하는 걸세. 이제 들어가서 부디 죽여야지, 살려 두면 종에게만 서러울 따름이요, 유익한 일이 없을 걸세. 이 말을 입 밖에 내는 날에는 어디 두고 보자. 죽은 어버이에게 이르기까지 화를 벗지 못할 것이다."

하였다.

참느라고 애를 쓰되, 분함을 이기지 못하여 울면서 대답하기를,

"이 일은 종으로서 차마 못 할 일이니, 들어가지 않게 해 주시오."

---

* 잠가 놓은 문 인목 대비가 갇혀 있는 명례궁.

하자, 가히가 말하기를,

"상궁더러 좋은 일을 하라고 일러 주어도 내 말을 듣지 않으니, 내가 알 게 뭐람. 아무렇게나 하소."

하였다.

갑인년 사월에 내관 박충신이를 보내어 대군이 들어 계시던 곳을 두루 돌아보고, 이튿날 또 와서,

"할 일이 있으니 어서 끄집어 내라. 더디면 나인들을 다 죽이겠다."

아주 심하게 재촉하여 몰아쳤다. 나인은 어떻게 할 줄 모르다가 무슨 까닭인지 알고 나서는 끄집어 내려고 하였다. 그러자,

"잠시도 늦추지 말고 끄집어 내라."

하고, 가지각색의 세간과 솥, 가마, 다듬잇돌 등을 끄집어 내고는 동가, 서가, 남가, 북가, 남정, 양진, 당지 등에 있는 세간도 꺼냈고, 나라의 곳간지기 내관이 와서 보더니 다 빼앗아 수레에 실어 가고, 남정 곳간은 내관이 문이며 지게문이며 문둔테*를 박고, 문틈을 다 바르고 들어가서 물건의 이름과 숫자를 모조리 세어서 장부에 기록해 갔다.

안팎의 담을 더 높이 쌓고 가시나무를 담 위에 얹고 나서 문에는 첩 박고* 축대 밖으로 담을 쌓는 것을 보고 늙은 나인이 울면서 말하기를,

"안팎으로 사뭇 담을 대여섯 자나 더 높이고, 문마다 첩 박고 문둔테를 박으니, 대비 마마께서 돌아가시기를 날로 기다리시는 중인데, 부모와 자손 사이에 훗날 전해질 이름이 불쌍하니 서럽고, 어머님을 가두어 두셨다는 말은 벗지 못하실 걸세."

내관이 달아나면서 말하기를,

"대비께서 옳게 하셨어도 이런 일을 당하실까? 잔말 말고 서럽더라도 잘 모시고 계십쇼. 우리더러 말해야 쓸데없삽네. 나라의 녹을 먹

---

* 문둔테 문장부를 끼는 구멍이 뚫린 나무.
* 첩 박다 드나들지 못하도록 문에 나무를 걸쳐 대고 못을 박아 못 열게 하다.

고 사는 사람이야 누가 옳다고 말할꼬?"
하였다.
궁중을 좁혀서 겨우 드나들 수 있게 만들었다. 그리고 차비문에 첩박고 차비문으로 하루에 두 번씩 출입하되, 아침에도 삼전(대전, 내전, 세자궁)에서 문안하러 왔으나 겨우 엎드렸다가,
"문안을 알고 싶습니다."
라는 말도 아니 하고 일어나 갔다.
무슨 말이고 하려고 하면,
"우리는 말을 들으러 오지 않고 문안만 알려고 왔다."
하였다.
하루는, 문안 내관 나업이 왔기에,
"글월 가져가라."
하니, 대답하기를,
"손이 없어 못 가져가겠습니까? 발이 없어 못 가져가며, 무거워서 못 가져가며, 입이 없어 못 전하겠습니까마는, 가져오지 말라 하니 못 가져갑니다."
하였다.
궁중에 지저분하고 더러운 물건을 버릴 만한 곳이 없어서 내관더러 말하면,
"아뢰기는 하되, 대전 마마께 여쭈오면 받아서 버리지 말라 하시고, 한 군데에 모아 두라 하시니, 쳐내지 못하오."
하니, 일 년 동안 모아진 것이 산을 쌓아 놓은 것 같았다.
쳐내 가라고 애걸하면 내관이 꾸짖기를,
"대전 마마께 아무리 말씀드려도 치우지 말라고 하시니 못 하오."
하고, 말하였다.
두어 해 지나니, 악취가 방 안에 가득 차고 구더기가 생겨나서 방 안

과 밥 지어 먹는 솥 위에 끼면 물로 씻어도 없어지지 않았다.

문안하러 올 때 대답해 주는 상궁이 울면서 여러 번 사정해서야 어른 내관과 종사관을 보내어 첩 박은 문짝을 떼어 내고 별장, 내금위, 병조 낭청, 사소위장이 하인을 거느리고 와서 쳐냈다. 집 위에도 까마귀와 까치의 똥이 가득하여 회를 바른 것처럼 되자, 별장들이 말하기를,

"나인들은 적고 짐승은 많아서 더러운 것을 먹으니, 집 위가 회칠한 듯하고, 악취가 궁중의 방 안에 가득하여 잠시만 맡아도 견딜 수 없는데, 대비 마마께서는 어떻게 견디시는고. 선조 때 이 궁중을 본 일이 있었는데, 선왕이 승하하신 지 오래 되지 않아서 자손이 이렇게 만드셨으니, 차마 볼 수가 없구나."

하고, 눈을 가리고 눈물짓고 나갔다.

나인이 혹시 궁 밖으로 빠져 나가지나 않을까 하여 호위 군사로 하여금 대비전을 둘러싸게 하고, 별감을 보내어,

"빨리 치우고 나가라. 더디면 죽이겠다."

하고, 말하였다.

나인들이 거처하는 곳이나 침전이 케케묵은 옛날 집이어서 여기저기 다 새는데, 비가 오는 날에는 몸을 둘 곳이 없어서 어찌나 민망하던지, 새는 데를 이어서 고쳐 달라고 빌었지만 들어 주지 않았다. 나인이 가까스로 지붕 위로 올라가 새는 곳을 잇자 내관이 보고 꾸짖었다.

나인이 정순의 말과 천복의 지시로, 갑인년과 무오년에 그랬던 것처럼, 방화하지 않을 때가 없었다. 숯섬에도 놓고, 참나무 장작을 쌓아 놓은 데에도 놓고, 섬거적에도 불을 지르고 다니니, 견디다 못해서 신시* 부터 불을 때지 못하게 금지하였다. 그리고 미시*에 밥을 지어 먹고, 신시에 요령을 흔들고 다니면서 부엌 구석구석마다 온 군데를 두루 돌아

* 신시(申時) 오후 3시부터 5시까지의 시간.
* 미시(未時) 오후 1시부터 3시까지의 시간.

보는 일을 두 시간에 두 번씩 하게 하였다.

그런데 가히 쪽으로 넘어갔던 대여섯 하인들 중에서 싸움이 일어나자, 그 사실을 대비 마마께 아뢰었다. 대비께서는 통분히 여기시고 그들을 각각 오라고 하여 앉혀 놓으시고 흉모를 꾸민 일을 물으시니, 종아리도 치지 않았는데 낱낱이 자백하였다.

"누가 불을 지르라고 가르치더냐?"

"대전의 시녀 정순이 가르쳤습니다."

"너희가 불을 놓아 대비와 공주를 타 죽게 하면 종의 신분에서 벗어나 상사람의 신분을 만들어 주고, 큰 상을 주고, 우리한테 와서 살게 하마 하였습니다."

하였다.

여러 번 방화하여 집 위에 불길이 활활 타올라 다급해졌을 때, 나인이 늙은이나 젊은이나 몰려 나와 허둥거리면서 불을 끈 것이 몇 번인지 모른다.

차비문 내관이 하도 민망하여 대전께 아뢰자,

"끄지 말고 내버려 두라."

하였다.

나인이 불이 날 때마다 다 끄는 것을 보고, 내관과 별장이 다 같이 크게 기특하게 여기었다.

나인이 신을 것이 없어서, 헌옷을 뜯어 노끈을 꼬아 짚신처럼 만들기도 하고, 헌신을 뜯어 신고 다니는 신을 기워 신었으나 헤퍼서 오래 가지 못하자, 화살촉을 빼내어 송곳을 만들어 짚신을 짓기 시작하였다.

십 년이 되어 가자, 온갖 물건이 다 바닥나서, 신창을 기울 노끈이 없어, 베옷을 풀어 꼬아 깁고, 지을 실이 없어 모시옷과 무명옷을 풀어 실로 썼다. 나인이 발이 짓물러 울고 다녔는데, 한 나인 아이가 발이 찢어져 급한 소리로 울자, 대비 마마께서 들으시고 가엾게 여기시어,

"아무쪼록 발을 잘 간수하여 주어라."
하시니, 처음에는 칼로 납작나막신을 만들어 주었고, 나중에는 굽나막신을 만들어 주었다. 나막신에는 각 지방에서 올라오는 진상물 궤짝의 못을 빼어 박았다. 칼을 만들 것이 없어서, 예전부터 가지고 있던, 군목을 입고 차고 다니던 칼을 두 도막으로 끊어 칼을 만들고, 가위를 벼려 갈아서 날을 만들고, 하인의 옷을 지을 옷감이 없어서, 낡고 검푸른 옷을 뜯어 흰 것에 기워 대어 입고, 윗사람은 치마를 지을 옷감이 없어서 민망하게 여기었다.

짐승의 똥 속에 쪽의 씨가 들어 있어 한 포기가 났는데, 한 해 기르고 두 해째는 씨가 많이 나서 그럭저럭 남빛을 물들이기 시작하였다.

쌀을 일 바가지가 없어서 소쿠리로 쌀을 일었는데, 까마귀가 박씨를 물어왔기에 한 해 기르고 두 해째는 쪽박이 열리고, 세 해째는 중박이 열리고, 네 해째는 큰 박이 열렸다. 솜이 없어서 겨울을 칠팔 년이나 덜덜 떨고 지냈는데, 면화씨가 섞여 들어 있기에 그것을 심어 씨를 내어 두세 해째는 면화가 많이 피어 그것으로 옷에 솜을 두어 입었다.

사시사철이 지나되 햇나물을 얻어먹을 길이 없었는데 가지, 오이, 동아의 씨가 짐승의 똥 속에 들어 있어서, 그것을 심으니 나물상을 차릴 수 있었다. 꿩의 목구멍 속에 수수씨가 들어 있어서, 그것을 심으니 무성히 자라났다. 가을이 되어 떨어 보니 찰수수였다. 상추 씨가 짐승의 똥 속에 들어 있기에 그것을 심었다.

한 해 남짓 지나니, 안담이 무너져서, 하도 민망하여 뜰에 달구질을 하여 고쳤다. 옛집이어서 한 해 남짓 버려 두니, 대들보가 꺾어지고 기울어져, 사람이 치이게 되었기에 나무를 얻어다가 괴고 내관더러,

"대전께 아뢰어라."
하고, 백 번 빌었으나 들은 체도 하지 않았다.

바깥 담이 또 무너지기에 쌓았더니 내관이 들어와서 보고 말하기를,

"계집이 한 일이 아니고 정말로 장사가 한 일 같다."
하고, 기특히 여기었다.

씨를 뿌리지도 않았는데 나물이 침실 앞의 뜰에 여러 가지 났다. 기특히 여기고 가꾸어 뜯어서 삶아 먹으니, 향기롭고 맛이 달아서 모두들 먹었는데, 꿈에 사람이 와서 말하기를,

"나물을 못 얻어먹기에 이 나물을 주노라."
하였다.

대추 나무가 있는데, 평상시에 있던 것이지만, 벌레집이 되어 예로부터 그 대추는 먹지 못하더니, 문을 닫아 버리고 있을 때는 햇실과 없이 대비 마마께서 부원군을 위하여 제사를 지내시더니, 무오년(광해군 10년)부터 이 나무가 무성해져서 대추가 큰 밤알만하게 열리고 맛도 아주 좋아서 여느 대추하고 달랐는데, 거의 한 섬이나 열렸다.

꿈에 말하기를,

"일부러 맛 좋게 많이 열리게 한 것이니, 나인 중에 도둑질하여 먹으면 도로 열리지 않게 하겠다."
하니, 사람이 그 나무를 지켰다.

복숭아나무가 저절로 길가에 나서 열매가 천도복숭아 같고, 맛이 비상했는데, 꿈에 말하기를,

"보통의 복숭아나무는 세 해를 채워야 열매가 열리지만, 이 나무는 두 해 만에 특별히 열리게 하였으니, 잡스런 사람이 먹으면 열리지 아니하고 즉시 죽게 하겠다."
하였다.

대비 마마께서만 잡수시다가, 꿈이라서 믿기지 않아 모든 사람이 다 같이 먹으니, 그 해 겨울에 저절로 죽었다.

밤나무를 시녀를 시켜 심어 놓으셨는데, 여러 해 동안 무성하다가 기미년(광해군 11년)에 죽기에 예사로이 여겼더니, 꿈에 말하기를,

"이 나무가 죽었으나 이상하게 여기지 말라. 다시 살아나리라. 이 나무가 살아나면 대비께서 다시 살아나시리라."

하였는데, 이듬해 한 가지 살아나고, 또 이듬해 한 가지 살아나더니, 또 꿈에 말하기를,

"다 살아나면 좋은 일을 보시리라."

하더니, 이듬해 큰 나무 줄기마저 살아나 옛 모양이 되살아난 듯하였다. 가을에 늦게 피기를 봄에 늦게 피듯이 하므로, 이상하게 여기고 있었는데, 꿈에 와서 말하기를,

"근심 말라."

하였다.

무오년 여름에 불이 일어나 정릉골의 불이 옮아 붙어 오자, 문을 두드려 아무리 불러도 대답을 하지 않기에, 계속해서 불러 대자, 그제야 대답을 하였다.

"불이 붙어 오니, 문을 닫아 두고 태워 죽이려 하느냐? 이제는 문을 열어 불을 벗어나게 하라."

"내전께서 잠근 채 두고 열지 말라 하셨으니 열 수 없다."

하였다.

나인이 하도 민망하여 불길의 방향을 보려고 집 위로 올라가자 내관이 문 밖에서,

"어서 내려가라. 대전께서 아시면 다 죽이리라."

하고, 말해도 내려가지 않자, 허둥거리면서 꾸짖기를,

"가만히 들어앉아 있지 못하고, 불은 보아 무엇 하려느냐? 나인의 머리를 깨뜨려 버릴까 보다."

하였다.

내관이 대전께 여쭙기를,

"불이 옮아 붙어 오는데, 어머님을 어찌하리까?"

"내버려 두라."
하였다.
문을 열어 줄 기색이 없자, 문안 내관에게 말하기를,
"대비 마마께서 용체가 위중하시어 피를 토하십니다. 행여 아뢰지 아니하였다 하실까 여쭙습니다."
하자, 즉시 내관을 불러다가 말씀하시기를,
"무슨 연고로 피를 토하시며, 하루에 몇 번씩 하시느냐? 나인의 말은 믿어지지 않으니, 의녀를 들여보내어 진맥하게 하라."
한다 하시기에,
"정말로 그러하시다면, 의녀는 그만두시고, 문을 열어 주시면 백 가지 병이 다 좋아질까 하나이다."
하니, 와서 꾸짖기를,
"일부러 탈이 있는 것처럼 말해 두고 아파한다 하니, 나인을 다 죽이겠다."
하고, 위협하고,
"심히 아파하시거든 속히 아뢰어라. 고생스럽게 계시다고 하여 불평하시겠느냐?"
하니, 죽을 잡숫게 하시려고 기꺼워하면서 날마다 묻는 일이었다.

정사년(광해군 9년)부터는 조정에서 정월 초하룻날의 탄일에 해 오던 문안도 아니 하고 정숙하게 절도 아니 하였다.

백성이 나라에 바치는 토산물이라고 알까 싶어, 진상한 물품 이름을 적은 종이에 씌어 있는 것을 대전 내관이 긁어 없애고 들여보내었다.

신유년(광해군 13년) 칠월에 포수를 시켜서 내장사* 밑에 숙직하게 하고, 삼경에 야경을 돌게 하니, 일만 군사가 들끓는 듯하였다.

* 내장사(內藏司) 임금의 보물이나 토지 등의 재산을 관리하던 관아.

나인들은 그들을 들여보내어 죽이라고 시켰는가 싶어, 애를 태우며 갈팡질팡 헤매다가 침실에 가서 대비 마마를 모시고,

"함께 가서 죽자!"

하였다.

대전에서 살던 포수가 본궁에 가서 해마다 공포를 놓아 소리를 내니, 귀신을 쫓아 우리에게로 오게 한 일이었다.

"나인이 병이 들었으니 내보내어 주소서."

하고, 백 번 빌어야 내보내 주되, 가히와 은덕이와 갑이가 아는 사람이면 궁 밖에 있는 어버이의 간청으로 앓지 않는 사람조차 나가게 해 주니, 나인들이 울면서 말하기를,

"집은 크고 사람은 적어서 밤이면 무서우니, 아파하는 이만 나가게 하고, 성한 이는 나가게 하지 말라."

하면, 대전 내관이 말하기를,

"대군도 내어 갔으니, 나인들이야 대단하게 여기겠느냐? 잔말 말고 어서 내보내라."

이렇듯 내어 간 일이 대여섯 차례나 되었다.

계해년(광해군 15년) 정월 초삼일에 죽은 나인의 종을 다 잡아 내라고 하기에 대비 마마께서 비시기를,

"죽기를 바라는 뜻으로 이 곳에 가두어 넣었으니, 서러운 일을 생각한다면 벌써 죽었어야 하나, 내 목숨은 하늘에 달려 있으므로 사람의 뜻대로 못 하리다. 나인 삼십여 명을 다 죽여 버려서 궁중이 텅 비어 까막까치와 도깨비만 모여드는데, 죽은 나인들의 종조차 내가면 혼자서 무서워 살지 못하겠소이다."

하시니, 들은 체도 아니 하고,

"어서 내라."

하고 독촉만 하였다.

두어 명의 나인의 종을 내주니, 데려다가 개 부리듯 하였다.

삼월 열하룻날에 내관을 보내어,

"앓는 사람 있거든 내놔라."

하였다.

열이튿날에는 가죽에, 천연두를 앓게 한다는 두 여자 귀신의 이름을 쓰고, 붉은빛의 작은 주머니에는 죽은 나인들의 이름을 써 넣고, 산 나인들의 이름은 밖에 써서 매고 내관에게 주어 보내어,

"이 가죽일랑 침실 문 안에 걸고, 주머니는 거기 씌어 있는 나인들의 이름을 보여 주고 차게 하여라. 없애 버리면 잘못이리라."

하고, 갔다.

보니까 하도 흉하고 무서워서 즉시 파묻었다.

계해년(광해군 15년) 삼월 십삼일 삼경에 문을 열었다.

오랫동안 문을 잠그고 사람을 가두어 두었으나, 궁중에는 기특하고 거룩한 상서로운 일이 많았으니, 늙은 나인들은 축수하고, 젊은 나인들은 더욱더 두려워서 어찌할 바를 모르더니, 이렇듯이 오랜만에 좋은 일이 있었다.

신유년(광해군 13년)과 임술년(광해군 14년)부터는 신인이 내려와 나인들의 눈에 띄는 등 기특한 일이 많았다.

계축년부터 겪었던 서러운 일이며, 내관을 보내어 위협하고 꾸짖던 일이며, 박대하고 부도덕하며 불효한 일 들을 일러 다 기록하지 못하여 만분의 한 마디나 기록하노라.

다 쓰려고 하면 남산의 대나무를 모조리 베어다 쓴들 어찌 일러 다 쓰며, 다 말하려고 하면 선천지가 다하고 후천지가 흥한들 다 이야기 삼아 쓸 수 있으랴. 나인들이 잠깐 기록하노라.

부록

작가와 작품 스터디 / 204
논술 가이드 / 206
〈베스트 논술 한국대표문학〉 목록 / 210
〈베스트 논술 한국대표문학〉에 실린 소설과 교과서 대조표 / 212
〈베스트 논술 한국대표문학〉에 실린 시와 교과서 대조표 / 214
〈베스트 논술 한국대표문학〉에 실린 시조 · 수필과 교과서 대조표/ 216

작품 스터디

● **인현왕후전** 〈인현왕후전〉은 내간체 국문으로 쓰인 고전 소설이다. 주인공의 일대기를 그린 점에서 전기 소설이기도 하고, 인현 왕후와 장 희빈을 둘러싸고 벌어진 역사적 사실을 쓴 점에서 궁중 소설이기도 하다. 인현 왕후를 모시고 있던 어느 궁인이 썼다는 설과, 인현 왕후의 친정 사람이 썼다는 설 등이 있으나 확실한 근거는 없다. 참혹하고 비극적인 음모를 다룬 궁중 비사이므로 많이 알려지지 않았다가, 1940년에 이병기가 필사본을 교정한 〈인현왕후전〉을 펴내면서 세상에 알려지게 되었다.

인현 왕후는 현종 8년에 태어나 숙종 27년에 죽었다. 조선 숙종의 계비이며, 아버지는 병조 판서 여양 부원군 민유중이다. 숙종의 비인 인경 왕후가 승하한 후, 민유중의 딸이 계비로 간택되었으나 6년이 지나도록 왕자를 낳지 못한다. 민비는 왕통을 걱정하여 소의 장씨를 후궁으로 삼게 한다. 얼마 후, 장씨가 왕자 균을 낳자, 숙종은 균을 원자로 책봉하고 장씨를 희빈으로 승격시킨다. 희빈 장씨는 중전을 모함하여 폐비시키는 데 앞장선다. 이에 반대하던 박태보는 참혹한 고문을 당한 끝에 죽고, 40여 명의 중신들도 유배를 당하며 결국 민비는 궐 밖으로 쫓겨난다.

중전에 오른 장씨는 오빠 장희재와 함께 간악한 짓을 하여 서서히 왕의 신임을 잃어 간다. 중전을 폐비시킨 일을 후회하고 있던 숙종은 다시 인현 왕후를 복위시키고 장씨를 희빈으로 강등시킨다. 하루 아침에 중전에서 희빈으로 강등당한 장씨는 포악을 부리고 세자를 구타한다. 그리고 무당과 술사를 불러 신당을 차려 중전을 저주하고 음해하는 짓을 하는 한편, 중전은 시름시름 앓다가 복위된 지 8년 만에 죽는다. 어느 날 숙종은 죽은 민후가 나타나 원수를 갚아 달라는 꿈을 꾸면서 희빈의 간계를 알게 된다. 즉시 무녀와 술사 등을 처단하고 희빈에게는 사약을 내린다.

● **계축일기** 〈계축일기〉는 인목 대비의 나인이 기록한 궁중 일기이다. 하지만 작품의 구성이나 등장 인물의 심리 묘사 및 사건의 서술 방법 등으로 보아 소설이라고 보기도 한다. 〈한중록〉, 〈인현왕후전〉과 함께 조선 시대의 3대 궁중 소설이자 3대 여류 작품이라 불린다. 이 책에서는 선조 35년부터 광해군 15년까지 광해군과 영창 대군의 왕위 계승 문제를 둘러싸고 벌어진 궁중의 비극과 영창 대군을 살해한 사건을 중심으로, 인목 대비의 심정을 상세히 기록하고 있다. 인목 대비를 서궁에 가두었다고 하여 〈서궁록〉이라고도 한다.

선조의 첫 부인인 의인 왕후가 승하하자, 2년 후에 인목 대비는 선조의 계비가 되었다. 그 다음 해인 1602년(선조 36)에 인목 대비는 정명 공주를 낳았고, 1605년(선조 39)에 영창 대군을 낳았다. 선조와 의인 왕후 사이에는 한 명의 자녀도 없었고, 다만 후궁들을 통해 여러 자녀를 두었다. 후궁 중 한 사람인 공빈 왕후의 둘째 아들 광해군이 일찍부터 세자로 책봉되었다. 그런데 선조의 적자(정실이 낳은 아들)인 영창 대군이 태어나자 광해군은 왕위의 위협을 느끼기 시작한다.

그러던 중 선조가 갑자기 승하하자, 광해군이 즉시 왕위에 올라 훗날 걸림돌이 될지도 모를 친형 임해군을 죽인다. 또한 영창 대군에 대한 의심을 풀지 않는다. 광해군 5년 계축년에 이이첨은 김제남 등이 영창 대군을 추대하여 역모를 꾸미고 있다는 허위 사실을 꾸며 내어 인목 대비의 가족 및 영창 대군의 나인들을 참혹하게 죽인다. 또한 어린 영창 대군을 강화에 유배시켰다가 죽이고, 인목 대비는 서궁에 가둔 다음 폐비시켜 버린다. 서궁에 갇힌 인목 대비는 11년 동안이나 비참하고 고통스러운 나날을 보내다가 인조 반정이 일어나 광해군이 폐위되면서 비로소 풀려난다.

조선 중기 궁중의 모습을 자세히 묘사하고 있는 이 작품은 광해군의 포악하고 불효한 실태를 폭로함과 동시에 아들을 빼앗긴 인목 대비의 뼈아픈 슬픔과 원통함을 그리는 데 초점을 맞추고 있다.

논술 가이드

〈인현왕후전〉의 한 대목입니다. 제시문을 읽고 다음 문제에 답하시오.

[문항 1]

> 이 해(숙종 14년) 겨울 시월에 희빈 장씨가 처음으로 왕자를 낳으니, 상감께서 사랑하심은 말할 것도 없고, 후께서 크게 기뻐하시며 사랑하시기를 자신이 낳은 자식처럼 하셨다.
>
> 장씨가 분수를 알았더라면 그 영화를 어찌 측량할 수 있었을 것인가. 문득 분수와 도리에 지나치는 뜻과 방자한 마음이 불일듯 하니, 중궁의 큰 덕과 용모가 나라 안에 우뚝 솟아나고 세상 사람들이 따르고 우러르는 덕망이 중궁에게 다 돌아가자, 이따금 시기심이 일어나, 은밀히 중전 자리를 덮치고자 했다.

(1) 윗글에서 보여지고 있는 희빈 장씨와 왕후의 성격을 각각 말해 봅시다. 또한 그렇게 생각한 까닭은 무엇인지 함께 말해 봅시다.

(2) 희빈 장씨는 사람들이 중전을 따르는 것을 보고 시기심이 일어납니다. 만약 여러분이 희빈 장씨의 입장이었다면 중전을 대함에 있어 어떤 감정이 들었을까요? 각자의 생각을 말해 봅시다.

〈인현왕후전〉의 두 대목입니다. 제시문을 읽고 다음 문제에 답하시오.
[문항 2]

그러더니 영숙궁 서쪽에 신령을 모셔 놓은 신당을 차려 놓고, 여러 가지 색깔의 비단으로 흉악한 귀신을 만들어 놓은 다음, 후의 성씨와 생년일시를 적어 놓고 망하기를 빌었다.
또, 얼굴 그림을 걸어 놓고 궁녀로 하여금 활로 날마다 세 번씩 쏘게 하였다. 그 종이가 헤어지면 비단옷으로 염습하여, (후략)

"민씨가 명이 짧아 죽었는데, 그것이 나와 무슨 상관이 있느냐? 너희들이 나를 죽이고 훗날에 세자에게 살기를 바랄쏘냐?"
불순하고 패악한 소리를 악착같이 하니, 상감께서 들으시고 분연히 노하시어 가마를 들이라 하여 타시고 영숙궁으로 친히 가시었다.

(1) 희빈 장씨의 행동이 인현 왕후의 죽음과 관계가 있다고 생각하나요? 위의 두 글을 읽어 보고 희빈 장씨의 행동과 인현 왕후의 죽음에 관한 자신의 의견을 말해 봅시다.

(2) 결국 희빈 장씨는 사약을 받게 되고, 인현 왕후는 중전으로 복위되었습니다. 만약 반대로 희빈 장씨가 계속 중전에 머물러 있고 인현 왕후가 사약을 받았다면 소설의 내용은 어떻게 바뀌었을까요? 희빈 장씨의 입장에 서서 소설의 내용을 꾸며 봅시다.

〈계축일기〉의 한 대목입니다. 제시문을 읽고 다음 문제에 답하시오.

[문항 3]

> 대전이 내전에서 행여 진지를 잡수어도 정명 공주만 받들고 영창 대군은 받들지 않았다.
>
> 대전이 말하기를,
>
> "대비께 문안을 가면 대군의 소리가 듣기 싫더라."
>
> 하며, 하루는 대군이 하도,
>
> "대전 형님을 뵙고 싶어라."
>
> 하기시에 공주와 대군 두 아기씨를 문안하러 오실 때 앉혀 보이니,
>
> "공주만 나오너라."

(1) 윗글에서 광해군은 두 동생을 두고 정명 공주만 가까이 할 뿐 영창 대군은 멀리합니다. 똑같은 이복 동생이지만 영창 대군만을 멀리하는 까닭은 무엇일까요? 시대적 배경을 생각하며 말해 봅시다.

(2) 조선 시대에는 왕권을 놓고 형제간의 다툼이 많았습니다. 그 예를 찾아보고, 왕위 싸움에 대한 자신의 의견을 말해 봅시다. 또한, 왕위는 어떠한 방법으로 계승되는 것이 가장 바람직할지 각자의 생각을 말해 봅시다.

〈계축일기〉의 두 대목입니다. 제시문을 읽고 다음 문제에 답하시오.

[문항 4]

그런데 임자년 광해군 4년에 김직재의 난이 일어났을 때, 글을 써서 붙인 일로 더욱더 화가 끓어올라,

"그런 놈들에게 거짓 자백을 받을 때는 아이라도 데려다가 증인으로 대라"

하고 가르쳤다.

"사는 것은 중요한 일이나, 부원군은 모르는 일입니다."

"대군의 이름도 대라."

하고, 시키자,

"(전략) 대군도 우리 부원군을 올리라는 말씀이지만, 부원군도 알 바가 아닙니다. 남에게 애매한 말을 하겠습니까?"

(1) 첫번째 글에서 김직재의 난이 일어난 것에 화를 내며 '거짓 자백을 받을' 것을 명합니다. 그러면서 '아이라도 데려다가 증인으로 대라'고 말합니다. 이 말이 뜻하는 바가 무엇일까요? 또한 이 말을 통해 알 수 있는 감정은 무엇일까요? 각각 말해 봅시다.

(2) 두 번째 글에서 회유하는 말에도 박응서는 꿈쩍하지 않습니다. 박응서가 목숨을 버리면서도 지키고자 했던 것은 무엇일까요? 이를 통해 삶에 있어서 옛 조상들이 중요시 했던 점을 미루어짐작해 봅시다.

〈베스트 논술 한국대표문학〉(전60권) 목록

권별	작품	작가
1	무정 I	이광수
2	무정 II	이광수
3	무명 · 꿈 · 옥수수 · 할멈	이광수
4	감자 · 시골 황 서방 · 광화사 · 붉은 산 · 김연실전 외	김동인
5	발가락이 닮았다 · 왕부의 낙조 · 전제자 · 명문 외	김동인
6	배따라기 · 약한 자의 슬픔 · 광염 소나타 외	김동인
7	B사감과 러브레터 · 서투른 도적 · 술 권하는 사회 · 빈처 외	현진건
8	운수 좋은 날 · 까막잡기 · 연애의 청산 · 정조와 약가 외	현진건
9	벙어리 삼룡이 · 뽕 · 젊은이의 시절 · 행랑 자식 외	나도향
10	물레방아 · 꿈 · 계집 하인 · 별을 안거든 우지나 말 걸 외	나도향
11	상록수 I	심훈
12	상록수 II	심훈
13	탈춤 · 황공의 최후 / 적빈 · 꺼래이 · 혼명에서 외	심훈 / 백신애
14	태평 천하	채만식
15	레디메이드 인생 · 순공 있는 일요일 · 쑥국새 외	채만식
16	명일 · 미스터 방 · 민족의 죄인 · 병이 낫거든 외	채만식
17	동백꽃 · 산골 나그네 · 노다지 · 총각과 맹꽁이 외	김유정
18	금 따는 콩밭 · 봄봄 · 따라지 · 소낙비 · 만무방 외	김유정
19	백치 아다다 · 마부 · 병풍에 그린 닭이 · 신기루 외	계용묵
20	표본실의 청개구리 · 두 파산 · 이사 외 / 모범 경작생	염상섭 / 박영준
21	탈출기 · 홍염 · 고국 · 그믐밤 · 폭군 · 박돌의 죽음 외	최서해
22	메밀꽃 필 무렵 · 낙엽기 · 돈 · 석류 · 들 · 수탉 외	이효석
23	분녀 · 개살구 · 산 · 오리온과 능금 · 가을과 산양 외	이효석
24	무녀도 · 역마 · 까치 소리 · 화랑의 후예 · 등신불 외	김동리
25	하수도 공사 / 지맥 / 그 날의 햇빛은 · 갈가마귀 그 소리	박화성 / 최정희 / 손소희
26	지하촌 · 소금 · 원고료 이백 원 외 / 경희	강경애 / 나혜석
27	제3인간형 / 제일과 제일장 외 / 사랑 손님과 어머니 외	안수길 / 이무영 / 주요섭
28	날개 · 오감도 · 지주 회시 · 환시기 · 실화 · 권태 외	이상
29	봉별기 · 종생기 · 조춘점묘 · 지도의 암실 · 추등잡필	이상
30	화수분 외 / 김 강사와 T교수 · 창랑 정기 / 성황당	전영택 / 유진오 / 정비석

권별	작품	작가
31	민촌 / 해방 전후 · 달밤 외 / 과도기 · 강아지	이기영 / 이태준 / 한설야
32	소설가 구보씨의 일일 / 장삼이사 · 비오는 길 / 석공 조합 대표 / 낙동강 · 농촌 사람들 · 저기압	박태원 / 최명익 송영 / 조명희
33	모래톱 이야기 · 사하촌 외 / 갯마을 / 혈맥 / 전황당인보기	김정한 / 오영수 / 김영수 / 정한숙
34	바비도 외 / 요한 시집 / 젊은 느티나무 외 / 실비명 외	김성한 / 장용학 / 강신재 / 김이석
35	잉여 인간 / 불꽃 / 꺼삐딴 리 · 사수 / 연기된 재판	손창섭 / 선우휘 / 전광용 / 유주현
36	탈향 외 / 수난 이대 외 / 유예 / 오발탄 외 / 4월의 끝	이호철/ 하근찬/ 오상원/ 이범선/ 한수산
37	총독의 소리 / 유형의 땅 / 세례 요한의 돌	최인훈 / 조정래 / 정을병
38	어둠의 혼 / 개미귀신 / 무진 기행 · 서울 1964년 겨울 외	김원일 / 이외수 / 김승옥
39	뫼비우스의 띠 / 악령 / 식구 관촌 수필 / 기억 속의 들꽃 / 젊은 날의 초상	조세희 / 김주영 / 박범신 이문구 / 윤흥길 / 이문열
40	김소월 시집	김소월
41	윤동주 시집	윤동주
42	한용운 시집	한용운
43	한국 고전 시가와 수필	유리왕 외
44	한국 대표 수필선	김진섭 외
45	한국 대표 시조선	이규보 외
46	한국 대표 시선	최남선 외
47	혈의 누 · 모란봉	이인직
48	귀의 성	이인직
49	금수 회의록 · 공진회 / 추월색	안국선 / 최찬식
50	자유종 · 구마검 / 애국부인전 / 꿈하늘	이해조 / 장지연 / 신채호
51	삼국유사	일연
52	금오신화 / 홍길동전 / 임진록	김시습 / 허균 / 작자 미상
53	인현왕후전 / 계축일기	작자 미상
54	난중일기	이순신
55	흥부전 / 장화홍련전 / 토끼전 / 배비장전	작자 미상
56	춘향전 / 심청전 / 박씨전	작자 미상
57	구운몽 · 사씨 남정기	김만중
58	한중록	혜경궁 홍씨
59	열하일기	박지원
60	목민심서	정약용

〈베스트 논술 한국대표문학〉에 실린 소설과 교과서 대조표

* 〈베스트 논술 한국대표문학〉에 실린 소설과 현행 국어 · 문학 18종 교과서의 수록 내용을 비교 · 분석하였다.

● 초등 학교 교과서(국어)

금오신화, 구운몽, 심청전,
흥부전, 토끼전, 박씨전,
장화홍련전, 홍길동전

● 국정 교과서

작품	작가	교과목
고향	현진건	고등 학교 문법
동백꽃	김유정	중학교 국어 2-1, 중학교 국어 3-1
벙어리 삼룡이	나도향	중학교 국어 1-1
봄봄	김유정	고등 학교 국어(상)
사랑 손님과 어머니	주요섭	중학교 국어 2-1
오발탄	이범선	중학교 국어 3-1
운수 좋은 날	현진건	중학교 국어 3-1

● 고등 학교 문학 교과서

작품	작품	출판사
감자	김동인	교학, 지학, 디딤돌, 상문
갯마을	오영수	문원, 형설
고향	현진건	두산, 지학, 청문, 중앙, 교학, 문원, 민중, 블랙, 디딤돌
관촌 수필	이문구	지학, 문원, 블랙
광염 소나타	김동인	천재, 태성
금 따는 콩밭	김유정	중앙
금수회의록	안국선	지학, 문원, 블랙, 교학, 대한, 태성, 청문, 디딤돌
김 강사와 T교수	유진오	중앙
까마귀	이태준	민중
꺼삐딴 리	전광용	지학, 중앙, 두산, 블랙, 디딤돌, 천재, 케이스
날개	이상	문원, 교학, 중앙, 민중, 천재, 형설, 청문, 태성, 케이스
논 이야기	채만식	두산, 상문, 중앙, 교학
닳아지는 살들	이호철	천재, 청문
동백꽃	김유정	금성, 두산, 블랙, 교학, 상문, 중앙, 지학, 태성, 형설, 디딤돌, 케이스
두 파산	염상섭	문원, 상문, 천재, 교학
등신불	김동리	중앙, 두산
만무방	김유정	민중, 천재, 두산
메밀꽃 필 무렵	이효석	금성, 상문, 중앙, 교학, 문원, 민중, 블랙, 디딤돌, 지학, 청문, 천재, 케이스
모래톱 이야기	김정한	디딤돌, 교학, 문원
모범경작생	박영준	중앙
뫼비우스의 띠	조세희	두산, 블랙
무녀도	김동리	천재, 지학, 청문, 금성, 문원, 민중, 케이스

작품	작가	출판사
무정	이광수	디딤돌, 금성, 두산, 교학, 한교
무진기행	김승옥	두산, 천재, 태성, 교학, 문원, 민중, 케이스
바비도	김성한	민중, 상문
배따라기	김동인	상문, 형설, 중앙
벙어리 삼룡이	나도향	민중
복덕방	이태준	블랙, 교학
봄봄	김유정	디딤돌, 문원
붉은 산	김동인	중앙
B사감과 러브레터	현진건	교학
사랑 손님과 어머니	주요섭	중앙, 디딤돌, 민중, 상문
사수	전광용	두산
사하촌	김정한	중앙, 문원, 민중
산	이효석	문원, 형설
서울, 1964년 겨울	김승옥	문원, 블랙, 천재, 교학, 지학, 중앙
성황당	정비석	형설
소설가 구보씨의 일일	박태원	중앙, 천재, 교학, 대한, 형설, 문원, 민중
수난 이대	하근찬	교학, 지학, 중앙, 문원, 민중, 디딤돌, 케이스
애국부인전	장지연	지학, 한교
어둠의 혼	김원일	천재
역마	김동리	교학, 두산, 천재, 태성, 형설, 상문, 디딤돌
역사	김승옥	중앙
오발탄	이범선	교학, 중앙, 금성, 두산
요한 시집	장용학	교학
운수 좋은 날	현진건	금성, 문원, 천재, 지학, 민중, 두산, 디딤돌, 케이스
유예	오상원	블랙, 천재, 중앙, 교학, 디딤돌, 민중
자유종	이해조	지학, 한교
장삼이사	최명익	천재
전황당인보기	정한숙	중앙
젊은 날의 초상	이문열	지학
젊은 느티나무	강신재	블랙, 중앙, 문원, 상문
제일과 제일장	이무영	중앙
치숙	채만식	문원, 청문, 중앙, 민중, 상문, 케이스
탈출기	최서해	형설, 두산, 민중
탈향	이호철	케이스
태평 천하	채만식	지학, 금성, 블랙, 교학, 형설, 태성, 디딤돌
표본실의 청개구리	염상섭	금성
학마을 사람들	이범선	민중
할머니의 죽음	현진건	중앙
해방 전후	이태준	천재
혈의 누	이인직	천재, 금성, 민중, 교학, 태성, 청문
홍염	최서해	상문, 지학, 금성, 두산, 케이스
화수분	전영택	태성, 중앙, 디딤돌, 블랙

〈베스트 논술 한국대표문학〉에 실린 시와 교과서 대조표

* 〈베스트 논술 한국대표문학〉에 실린 시와 현행 국어 · 문학 18종 교과서의 수록 내용을 비교 · 분석하였다.

작품	작가	출판사
가는 길	김소월	지학, 블랙, 민중
가을의 기도	김현승	블랙
겨울 바다	김남조	지학
고향	백석	형설
국경의 밤	김동환	지학, 천재, 금성, 블랙, 태성
국화 옆에서	서정주	민중
귀천	천상병	지학, 디딤돌
귀촉도	서정주	지학
그 날이 오면	심훈	지학, 블랙, 교학, 중앙
그대들 돌아오시니	정지용	두산
그 먼 나라를 알으십니까	신석정	교학, 대한
껍데기는 가라	신동엽	지학, 천재, 금성, 블랙, 교학, 한교, 상문, 형설, 청문
꽃	김춘수	금성, 문원, 교학, 중앙, 형설
끝없는 강물이 흐르네	김영랑	디딤, 교학
나그네	박목월	천재, 블랙, 중앙, 한교
나룻배와 행인	한용운	문원, 블랙, 대한, 형설
남신의주 유동 박시봉방	백석	지학, 두산, 상문

작품	작가	출판사
남으로 창을 내겠소	김상용	지학, 한교, 상문
내 마음은	김동명	중앙, 상문
내 마음을 아실 이	김영랑	한교
농무	신경림	지학, 디딤, 금성, 블랙, 교학, 형설, 청문
누가 하늘을 보았다 하는가	신동엽	두산
눈길	고은	문원
님의 침묵	한용운	지학, 천재, 두산, 교학, 민중, 한교, 태성,디딤돌
떠나가는 배	박용철	지학, 한교
머슴 대길이	고은	디딤돌, 천재
먼 후일	김소월	청문
모란이 피기까지는	김영랑	지학, 천재, 금성, 형설
목계 장터	신경림	문원, 한교, 청문
목마와 숙녀	박인환	민중
바다와 나비	김기림	금성, 블랙, 한교, 대한, 형설
바위	유치환	금성, 문원, 중앙, 한교
별 헤는 밤	윤동주	문원, 민중
봄은 간다	김억	한교, 교학
봄은 고양이로다	이장희	블랙

작품	작가	출판사
불놀이	주요한	금성, 형설
빼앗긴 들에도 봄은 오는가	이상화	지학, 천재, 문원, 블랙, 디딤돌, 중앙
산 너머 남촌에는	김동환	천재, 블랙, 민중
산유화	김소월	두산, 민중
살아 있는 것이 있다면	박인환	대한, 교학
살아 있는 날은	이해인	교학
생명의 서	유치환	한교, 대한
샤갈의 마을에 내리는 눈	김춘수	지학, 블랙, 태성
서시	윤동주	디딤돌, 민중
설일	김남조	교학
성묘	고은	교학
성북동 비둘기	김광섭	지학
쉽게 씌어진 시	윤동주	지학, 디딤돌, 중앙
승무	조지훈	지학, 디딤돌, 금성
알 수 없어요	한용운	중앙, 대한
어서 너는 오너라	박두진	디딤돌, 금성, 한교, 교학
오감도	이상	디딤돌, 대한
와사등	김광균	민중
우리가 물이 되어	강은교	지학, 문원, 교학, 형설, 청문, 디딤돌
우리 오빠와 화로	임화	디딤돌, 대한
울음이 타는 가을 강	박재삼	지학, 교학
자수	허영자	교학

작품	작가	출판사
자화상	노천명	민중
절정	이육사	지학, 천재, 금성, 두산, 문원, 블랙, 교학, 태성, 청문, 디딤돌
접동새	김소월	교학, 한교
조그만 사랑 노래	황동규	문원, 중앙
즐거운 편지	황동규	지학, 형설, 청문
진달래꽃	김소월	천재, 태성
청노루	박목월	지학, 문원, 상문
초토의 시 8	구상	지학, 천재, 두산, 상문, 태성
초혼	김소월	디딤돌, 금성, 문원
타는 목마름으로	김지하	디딤돌, 금성, 문원, 민중
풀	김수영	지학, 금성, 민중, 한교, 태성
프란츠 카프카	오규원	천재, 태성
피아노	전봉건	태성
해	박두진	두산, 블랙, 민중, 형설
해에게서 소년에게	최남선	지학, 천재, 금성, 두산, 문원, 민중, 한교, 대한, 형설, 태성, 청문, 디딤돌
향수	정지용	지학, 문원, 블랙, 교학, 한교, 상문, 청문, 디딤돌

〈베스트 논술 한국대표문학〉에 실린 시조와 교과서 대조표

*〈베스트 논술 한국대표문학〉에 실린 시조와 현행 국어 · 문학 18종 교과서의 수록 내용을 비교 · 분석하였다.

작품	작가	출판사
가노라 삼각산아	김상헌	교학, 형설
가마귀 눈비 맞아	백팽년	교학
가마귀 싸우는 골에	정몽주 어머니	교학
강호 사시가	맹사성	디딤돌, 두산, 교학
고산구곡	이이	한교
공명을 즐겨 마라	김삼현	지학
구름이 무심탄 말이	이존오	천재
국화야 너난 어이	이정보	블랙
녹초 청강상에	서익	지학
농암가	이현보	민중
뉘라서 가마귀를	박효관	교학
님 그린 상사몽이	박효관	천재
대추볼 붉은 골에	황희	중앙
도산 십이곡	이황	디딤돌, 블랙, 민중, 형설, 태성
동짓달 기나긴 밤을	황진이	지학, 천재, 금성, 두산, 문원, 교학, 상문, 대한
마음이 어린후니	서경덕	지학, 금성, 블랙, 한교
말없는 청산이요	성혼	지학, 천재
방안에 혔는 촉불	이개	천재, 금성, 교학
백구야 말 물어보자	김천택	지학
백설이 자자진 골에	이색	지학
삭풍은 나무끝에	김종서	중앙, 형설
산촌에 눈이 오니	신흠	지학

작품	작가	출판사
삼동에 베옷 닙고	조식	지학, 형설
산인교 나린 물이	정도전	천재
수양산 바라보며	성삼문	천재, 교학
십년을 경영하여	송순	지학, 금성, 블랙, 중앙, 한교, 상문, 대한, 형설
어리고 성긴 매화	안민영	형설
어부사시사	윤선도	금성, 문원, 민중, 상문, 대한, 형설, 청문
오리의 짧은 다리	김구	청문
오백년 도읍지를	길재	블랙, 청문
오우가	윤선도	형설
이몸이 죽어가서	성삼문	지학, 두산, 민중, 대한, 형설
이시렴 부디 갈다	성종	지학
이화에 월백하고	이조년	디딤돌, 천재, 두산
이화우 흣뿌릴 제	계랑	한교
재너머 성권농 집에	정철	천재, 형설
천만리 머나먼 길에	왕방연	문원, 블랙
청산리 벽계수야	황진이	지학
추강에 밤이 드니	월산대군	천재, 금성, 민중
춘산에 눈녹인 바람	우탁	디딤돌
풍상이 섞어 친 날에	송순	지학, 청문
한손에 막대 잡고	우탁	금성
훈민가	정철	지학, 금성
흥망이 유수하니	원천석	천재, 중앙, 한교, 디딤돌, 대한

〈베스트 논술 한국대표문학〉에 실린 수필과 교과서 대조표

* 〈베스트 논술 한국대표문학〉에 실린 수필과 현행 국어 · 문학 18종 교과서의 수록 내용을 비교 · 분석하였다.

작품	작가	출판사
가난한 날의 행복	김소운	천재
가람 일기	이병기	지학
구두	계용묵	디딤돌, 문원, 상문, 대한
그믐달	나도향	블랙, 태성
꼴찌에게 보내는 갈채	박완서	태성
나무	이양하	상문
나무의 위의	이양하	문원, 태성
낭객의 신년 만필	신채호	두산, 블랙, 한교
딸깍발이	이희승	지학, 디딤돌, 청문
멋없는 세상 멋있는 사람	김태길	중앙
무궁화	이양하	디딤돌
백설부	김진섭	지학, 천재, 형설, 태성, 청문
생활인의 철학	김진섭	지학, 태성
수필	피천득	지학, 천재, 한교, 태성, 청문
수학이 모르는 지혜	김형석	청문
슬픔에 관하여	유달영	문원, 중앙
웃음설	양주동	교학, 태성
은전 한 닢	피천득	금성, 대한
이야기	피천득	지학, 청문
인생의 묘미	김소운	지학
지조론	조지훈	블랙, 한교
청춘 예찬	민태원	금성, 블랙
특급품	김소운	교학
폭포와 분수	이어령	지학, 블랙
피딴 문답	김소운	디딤돌, 금성, 한교
행복의 메타포	안병욱	교학
헐려 짓는 광화문	설의식	두산

베스트 논술 한국 대표문학 53

인현왕후전 · 계축일기

지은이 작자 미상
펴낸이 류성관
펴낸곳 SR&B(새로본닷컴)
주 소 서울특별시 마포구 망원동 463-2번지
전 화 02)333-5413
팩 스 02)333-5418
등 록 제10-2307호
인 쇄 만리 인쇄사